福祉の仕事でプロになる!

さらなる
飛躍に向けた24のポイント

久田則夫

中央法規

はじめに

福祉職員として働いていた私が、大学教員に転身したのは、一九九四年のことである。そのきっかけを与えてくれたのは、村井清氏（社会福祉法人ミルトス会前理事長）であった。彼は、私にとって恩師であり恩人でもある。三〇年ほど前、熱い想いだけで福祉を志す私を満面の笑みで職員として迎え入れてくれた。壁にぶつかったときには、時間を惜しまず夜遅くまで話を聞いてくれた。

そして、忘れもしない、就職してから数年経ったある秋の日のこと。村井氏は、「久田さん、ちょっといいですか」と言って、私を呼び止め、こう切り出した。

「あなたは大学で語学を学んでいたんだから、語学力を活かして、留学をしてみないか。可能な限りのサポートをさせてもらうよ」。

唐突な話で、戸惑いの表情を見せる私に、優しい表情で彼はこう続けた。

「他の職員から、今も語学力を磨くために英字新聞を読んでいると聞いたよ。英国から福祉の専門書も取り寄せて勉強しているらしいね。だったら、遠慮することはない。海外に行って、見聞を広めてきなさい」。

そう言って、留学を勧めてくれたのである。

＊　＊

村井氏はどの職員に対しても、常に親身な姿勢を示す人であった。ポテンシャルを最大限伸ばすために、可能な限りサポートするとの姿勢を示していた。職員は利用者にとって、大切な宝物。だからこそ、職員育成に向けたサポートを惜しまない。そんな姿勢を常に貫いていた。

私に対しても、その優しい姿勢を示してくれた。そして、留学への道があることを指し示してくれた。恩師の優しい働きかけに応えるために、私は即座に行動を起こした。一九八〇年代後半、コミュニティケア政策を強力に推し進めていた英国の大学院に留学することを決意した。三年間、博士課程で高齢知的障害者の地域生活に関する社会学的研究に取り組むことになった。

留学してから三年後、幸いなことに博士号を取得することができた。当初の予定通り、帰国後は、村井氏のもとに戻り、ミルトス会に復職を果たした。そのときも、村井氏は、「お帰り。よく頑張ったね」と労いの言葉で迎え入れてくれた。「施設職員として働きながらも、研究活動が継続できるよう、最大限の配慮をするよ」との言葉をかけてくれた。

このとき、私は心の中で固く誓った。「これから、ずっと定年まで、ミルトス会で働き、恩返しをする」と。

ところが、恩師である村井氏の思いは違った。復職後、しばらく経ったある日のこと。彼はこんな思いを私に伝えてくれた。

「久田さん。どうしてもあなたに伝えたいことがあるんだ。あなたはここで一生、働きたいと思っているかもしれないが、それは私の思いとは異なる。ここにいてくれるのは正直言って、嬉しく思うし、頼もしくも思う。が、あなたはここにずっといてはいけない。あなたは、もっと広い世界で活躍するために、英国で勉強してきたんだ。だからこそ、お願いしたい。学んだことを、多くの人に伝える仕事に就きなさい。研究と教育を専門とする高等教育機関で、人を育てる人になりなさい。現場を知っている研究者そして教育者として、若い学生の育成だけでなく福祉の現場で働く人に、適切かつ的確なアドバイスをするよきアドバイザーとして、もてる力を存分に発揮する人になりなさい」。

この言葉を受け、私は、大学教員となるための準備に取りかかった。施設職員として働く傍ら、研究論文や研究書などを次々に発表させていただいた。福祉関連の学会にも積極的に参加し、研究成果の口頭発表を行った。ありがたいことに、こうした活動が実を結び、「うちの大学で、福祉学科の教員として、働いてみませんか」とのお誘いを受けることになった。

そして、一九九四年四月、大学教員としての新たなキャリアがスタートした。同時に、今は亡き人生の恩師である村井氏との約束を果たすための活動も開始した。時間が許す限り現場を訪ね、利用者本位サービスの実現に向けたアドバイスをする活動に従事するようになった。壁にぶつかり悩みを抱える福祉職員に対して、どうすれば壁を乗り越えられるか、どうすればよりよきサービスの実現に貢献できる職員になれるか、研究で得た知見を還元する活動を始めることになったのである。

＊　＊

それから、早いもので二〇年以上の歳月が流れたが、私の大学教員としてのスタンスは不変だ。可能な限り現場を訪ね、業務レベル向上に向けたアドバイスを行う。現場で働く職員と意見交換する機会をもち、もてる力をフルに発揮できるようサポートする。あるいは未開発の能力が開花できるようアドバイスする。こうした活動を、時間が許す限り続けている。訪問させていただく福祉事業所は、年間でいえば、約五〇か所にのぼる。これまでかかわりをもった事業所の種別は文字通り多種多様。児童福祉関連事業所、障害者福祉関連事業所、高齢者介護保険事業所、生活保護関連施設など、あらゆる種別の福祉関連事業所を網羅する。お盆や正月を除けば、ほぼ毎週末、全国どこかの福祉事業所を訪ね、レベルアップに向けたアドバイスをする。そんな生活を大学教員になってから、ずっと続けている。

本書で紹介する、福祉の仕事でプロになるための24のポイントは、これらの活動のなかから導き出した、「よりよきサービス実現のためのエッセンス」をまとめたものである。どうすれば、福祉の世界で働くプロとして、胸を張ることができる知識と技術と経験を兼ね備えた職員になれるか。どのようにして、自分が働く職場のレベルアップが図れるか。直面する課題や問題の解決が図れるか。そのための具体的方法を紹介するために誕生したのが、本書である。

＊　　＊

本書の使い方は、至って簡単。「はじめに」を読んだ後、すみやかに、目次のページに移動しよう。各章のタイトルとサブタイトルに目を通し、「この章って気になるな」「この章には私の悩みに関連したことが書いてあるみたい」「ここにはうちの事業所の問題解決へのヒントが記されているような気がする」と思うものがあれば、該当ページに飛び、その章から読み始めるようにしよう。

本書は小説ではないので、どこから読み始めてもよい。一つの章を読み終えた後に、どこの章に飛んでもいい。大事なのは、今のあなたにとって、「大切」「重要」「気になる」と思える章から、読み進めていくことだ。もちろん、確信はいらない。何となく「気になる」、何となく「これが大切だと思う」といったもので十分だ。自分の感性を信じて、今、このとき、「これだ！」と感じるところから、目を通すようにしよう。

それからもう一点、本書は何のためにあるかを確認しておこう。厳密に言うと、今みなさんが、手にとっているこの本は「読むため」にあるのではない。読んで、そのうえで**行動をおこすため**にある。自分が「気になる」あるいは「重要だ」と思う箇所に目を通し、内容を理解する。各章に書かれたポイントを理解する。よりよき業務の実現、職場のレベルアップ、チームワークの向上に貢献するためのヒントを学び、理解し、行動を起こすためにある。行動に移したうえで、実績をあげていく。着実に成果をあげていく。そして、その結果、プロとして揺るぎなき自信を手中に収める。同僚、先輩、後輩、上司、部下からは言うに及ばず、他の機関・組織・業界で働く人からも、高い評価を受ける職業人となる。そんなすごくすてきな職業人として、もてる力を存分に伸ばせるようサポートする。これが、本書刊行の重要な目的である。

だからこそ、読者の皆さんに心からお願いしたい。どの章から読み始めてもいいが、各章で学んだポイントは、一読後、必ず行動を起こすように努めて欲しい。まずは本書に書かれたポイントを心に留めながら、行動を起こしていく。そのうえで、あなた独自の取り組みを付け加えていく。本書で示したレベルアップに向けた処方箋をベースとしつつも、独自の味つけを加えていく。自分自身が直面する問題や課題、あるいは職場が直面する問題や課題に応じて、独自の工夫や方法をつけ加えていく。そんな使い方にも積極果敢にチャレンジしてほしい。

今、福祉の世界に求められるのは、現状維持だけに目を奪われる人ではない。常にワンランク上の業務や支援を目指す人である。本書を手にするあなたには、ぜひその第一歩を踏み出す人になってほしい。職場のレベルアップは、まずは一人の勇気ある行動から始まる。あなたの職場を、さらにすばらしい福祉事業所とするために、ぜひあなたの力を貸して欲しい。心からそう願っている。

＊　　＊

最後に、本書の誕生に力を貸してくださった方々に、感謝の意を表させていただきたい。

まずは、月刊誌『ケアマネジャー』編集部の高野礼嗣氏。実を言うと、本書は同誌の連載記事（二〇一一年七月号〜二〇一五年五月号）がベースとなっている。書籍化に当たっては加筆修正を行ったが、連載記事の執筆に際しては高野氏から温かい励ましを受けた。

そして、本書刊行における最大の功労者、中央法規出版編集部の鈴木涼太氏に心より感謝と敬意の念を表させていただきたい。彼は文字通り若さあふれるすばらしいセンスで、読みやすく親しみやすいデザインの本に仕上げてくれた。ある意味で、本書は彼と共につくりあげた協働作品。常に読者の視点に立ち、どのような内容、組み立て、レイアウトにすべきか、どのようなイラストを入れると親しみやすく内容が端的に伝わるものになるか、まさに編集のプロと呼ぶにふさわしい的確な提案とアドバイスをしてくれた。彼の助力なしに、本書は刊行できなかったと言っても過言ではない。

すばらしいパートナーの支えで世に出すことができた本書が、福祉業界を担う多くの人の手元に届くことを願ってやまない。

二〇一六年二月吉日

日本女子大学　久田則夫

目次

第0章 人が育つ組織づくりの必須要素を把握する

「強固なメンバーシップ意識」の醸成と定着が、伸びゆく職場実現の重要なキーポイントとなる

人財育成の最重要ポイントは何か？

社会福祉事業に携わる施設長や理事長、社長などから、「人財育成を図るうえで、重視すべきポイントがあれば教えてほしい」との依頼を受けるたびに、私はこう答えている。

「数多くのポイントがありますが、最も重要な要素の一つは、『強固なメンバーシップ意識』を職員一人ひとりの心のなかに醸成し、定着させていくこと。トップリーダーである施設長は、社会福祉事業所で働くすべての職種、職階、雇用形態の職員に、『強固なメンバーシップ意識』をもって業務に携わるよう働きかけていかねばなりません。」

注意すべきは、「強固なメンバーシップ意識」の醸成と定着に向けた働きかけは、職員を採用しようとする時点、すなわち、採用面接の時点から始まるという点である。就職を希望する人が、新卒者であるか、既卒者であるかは一切関係ない。

他の業界からの転職者であったとしても、保健・福祉・介護の世界で長年の経歴を積み重ねた人

であったとしても、「わが法人で職業人として新たな一歩を踏み出す際には、どのような意識をもって働いて欲しいか」、明確な指針を示さなければならない。介護福祉士や社会福祉士の国家資格をすでにもっている人であっても、例外ではない。「わが法人は、『強固なメンバーシップ意識』をもって働くことをあなたに求めます」と、採用面接の場面でも伝えなければならないし、新任職員研修のオープニングの場面でも、責任ある立場の職員（施設長、理事長、あるいはその他管理職）が声を大にして「強固なメンバーシップ意識」をもって業務に当たることの重要さを強調しなければならない。

「強固なメンバーシップ意識」の醸成が必要とされる理由

なぜ「強固なメンバーシップ意識」の醸成が重要なのか。なぜ、新任職員はいうまでもなく、すべての職種、職階、雇用形態の職員にも、「強固なメンバーシップ意識」をもって業務に携わるよう、働きかけなければならないのか。答えはいうまでもない。「強固なメンバーシップ意識」が欠落した事業所では働く職員のプロ意識が低下し、業務レベルも下降の一途を辿るようになるからである。次に示すような〝残念〟な姿勢で働く職員が、職場を席巻するようになるからだ。

【「強固なメンバーシップ意識」が欠落した人の思考・行動特性】

①あきらめが早い（壁に直面すると、少しの努力や工夫をすれば乗り越えられるものであっても、即座に「無理だ」と判断するようになる）。

②業務姿勢が後ろ向き（職場の発展につながるようなチャレンジに着手しようとしない。何事に対しても消極的な視点での捉え方をするようになる）。

③他者批判だけは得意（うまくいかないことがあると、ここぞとばかりに他者批判に終始する。うまくいくよう自ら率先して改善に向けて動こうとの姿勢は一切示さない）。

④責任放棄の姿勢を示す（問題解決に向けて行動を起こす責任は自分にもあるのに、「自分には関係ない。それは上の立場にいる職員の仕事だ」と決めつけてしまうようになる）。

⑤職場内の問題や課題に対して、「我関せず」の姿勢を貫く（問題や課題があっても、どこ吹く風。定型業務をこなすこと以外の事柄には、一切、関心を示そうとしない。実は、いつも行っている定型業務の進め方や内容自体に問題があるのに、「我関せず」の姿勢を示す。傍観者然とした態度を貫くようになる）。

職員がこうした〝残念〟な姿勢に陥らぬようにすること、そして、あるべき方向に導くことが、トップリーダーの責務である。いや厳密にいえば、その責務を担うのは、トップリーダーだけではない。部下や後輩を指導する立場にあるすべての職員が、トップリーダーと共に力を合わせて、この重要な責務の遂行に当たらなければならない。

「強固なメンバーシップ意識」の定義

この責務を着実に遂行するには、「強固なメンバーシップ意識」とは具体的に何を指すのか、その定義を正しく理解する必要がある。ここでは、組織論や人財論の領域で培われたメンバーシップ概念に関する知見を、利用者本位サービスを専門とする筆者独自の視点を加味しながら整理した定義を紹介する。それは、次の通りである。

『強固なメンバーシップ意識』とは、どのような職種、職階、雇用形態で働いていようとも、組織のメンバーの一員として、強固な当事者意識と問題意識をもって、事業所・法人が掲げる使命（経営理念、運営理念）の達成、利用者本位サービスの実現に向けて行動を起こすとの強い決意と行動力を示すこと。その結果、プロと呼ぶにふさわしい実績を示せるようになること。

この定義で示された当事者意識とは、どのような職種、職階、雇用形態であろうとも、「私には、組織のメンバーの重要な一員として、所属する事業所の発展と、よりよき業務の向上、利用者一人ひとりの幸福の実現に向けて、強い責任感をもって働く責務がある」との思いをもって働くことを指す。

問題意識とは、「私が働く職場に素晴らしいところがたくさんあるが、さらにいい方向に導くには、どのような問題や課題の克服が必要となるか。常に課題発見、問題解決の姿勢をもって働くこと」を指す。把握した問題や課題に関しては、組織メンバーの一人として、強い責任感をもって、解決に向けて行動を起こす。そして、何がどこまで改善できたかを示すことができる職業人となる。そんな重要な意味が込められているのである。

メンバーシップは、フォロワーシップとリーダーシップの二大要素から成り立っている

「強固なメンバーシップ意識」という概念に関しては、もう一点、重要なポイントを理解する必要がある。メンバーシップは、厳密にいえば単体で成り立つものではなく、フォロワーシップとリーダーシップという二つの要素から成り立つ概念であるという点だ。

フォロワーシップとは、**組織が掲げる経営理念の実現をフォローする（追い求める）といった姿勢と行動**を指す。組織やチームが掲げる共通目標の達成に向けて上司・先輩を支えるための行動を起こす。職業人としての行動原理をフォロー（遵守）し、利用者本位サービスと権利擁護を実現していく姿勢を指す。

リーダーシップとは、**組織やチームが掲げる共通目標の達成に向けて、さらには、組織やチームをあるべき方向に導いていくために、部下や後輩を導いていく姿勢と行動**を指す。

前者のフォロワーシップについては、注意しなければならない点がある。この用語は、もともと

「フォロワー（Follower）」という英単語から派生したものである。「フォロワー」には、支持者（サポーター）、追随者などといった意味がある。しかしながら、フォロワーシップという概念において使われるフォロワーは、「上司の指示に何も考えずに従うだけ」「他者が主張することに何の疑いもなく賛意を示すだけ」「上司や先輩の言うことであればイエスマンとなって言われるとおりに行動するだけ」の受け身の存在になれとの意味で用いられているのではない。

職業倫理や最新の福祉観・援助観あるいは専門的な知見からすれば、とても賛同できない指示を受けた場合（あるいは、不適切な業務姿勢を見た場合）は、利用者の最善の利益の保障のために、「ノーとの見解を表明する」「そのような指示や働き方に対しては賛同しないとの意思表示をする」「ポジティブかつ勇敢な姿勢を示す」との概念であるということができる。

究極的にいえば、何をフォローするのか。誰に対してフォロワーになるのか。答えはいうまでもない。利用者の意思や希望、個別ニード、そして、最善の利益をフォローするのである。加えて、権利擁護や利用者本位サービスといった福祉の基本理念をフォローしていくのである。よきフォロワーとなるのは、正しい指示や適切な業務姿勢をみせる上司、先輩に対してである。誤った指示や業務を行う上司、先輩に対しては、毅然たる態度を示すことが求められているのである。

「強固なメンバーシップ意識」の浸透には自己の振り返りが欠かせない

最後に、「強固なメンバーシップ意識」を組織内に浸透させるための具体的取り組みを紹介しよう。最初の一歩は、先に記した用語の理解である。その意味を正しく職員全体に伝えるようにする。

続いて、一人の職業人としてどれくらい「強固なメンバーシップ意識」をもって働いているか、どれくらい自分自身のなかに「強固なメンバーシップ意識」が定着しているかを確認するための自己チェックに取り組んでもらう。

方法は簡単だ。二〇、二一ページのチェックリストに目を通し、「イエス」「ノー」で答えるだけでよい。「イエス」と答えた項目が多ければ多いほど、メンバーシップ意識が高いことを意味する。強固なメンバーシップ意識を行動に移し、数々の実績を着実にあげているとの事実を示すものとなる。「ノー」の項目が多ければ多いほど、残念ながら、メンバーシップ意識が希薄である可能性が高くなる。職場のレベルアップや他職員の育成に十分な貢献ができていないとの事実を物語るものとなる。

チェックの結果、「ノー」の項目がある場合は、「イエス」に転じることができるよう行動を起こす。あなたが上司や先輩の立場であれば、その姿勢を示すことは極めて重要だ。部下や後輩は、上司や先輩の一挙手一投足に注目している。もし、上司や先輩ができていない部分から目をそらさず、できるようになるための努力をしていれば、彼らもその姿勢を見習うようになる。「自分も上司（先輩）のように、『ノー』の部分が『イエス』になるよう行動を起こさなければならない」といったような思いを強くすることができる。

部下や後輩、同僚などが、チェックの結果、思いのほか、多くの項目に「ノー」がつき、落胆している場合は、「現段階で、たとえ『ノー』がたくさんついたとしても、落胆する必要はない」と声をかけるようにする。続いて、「大事なのは『ノー』が『イエス』になるよう行動を起こすこと。

優先順位をつけて、一つずつ順番に、『イエス』にしていこう」とアドバイスする。

そうすれば、たとえ「ノー」がついたとしても、落胆せず、自己を奮い立たせることができる。正しい方向に行動を起こせるようになる。万が一、行動は起こしたもののうまくいかず、立ち尽くしている人がいる場合は、あなたの出番である。どうすれば「イエス」に転じられるか、よき上司・先輩・同僚としてアドバイスしよう。あなたの経験を彼らに伝授しよう。

こうした取り組みを積み重ねれば、あなたの職場は「強固なメンバーシップ意識」が共有された骨太の事業所へと着実に変貌を遂げることができる。まずは、あなたがリーダーシップを発揮し行動を起こそう。

参考文献
久田則夫『人が育つ・職場が変わる気づき力』日総研出版、二〇一三年。
久田則夫「メンバーシップ・リーダーシップ：組織の一員としてのフォロワーシップの醸成」『福祉職員キャリアパス対応生涯研修課程テキスト：初任者編』（福祉職員キャリアパス対応生涯研修課程テキスト編集委員会編）全国社会福祉協議会、二〇一三年、二六―三六頁。

□ **6** 思うように業務がこなせない部下、後輩、同僚などに対して、どうすればいい仕事ができるようになるか、忍耐強くアドバイスし彼らの職員としての自信獲得に貢献した経験がある。

□ **7** プロとしてどんな姿勢で働くことが必要なのか、部下、後輩、同僚などに説明できる（同時に、正しい支援・介護・業務の方法や手順を示すことができる）。

□ **8** 「自分のキャリアに責任をもつ」との意識をもって働いている（意識だけではなく、行動を起こしている。わからないことをそのままにせず、常に学び続ける姿勢を示している）。

□ **9** 部下や後輩に対して、「よき手本」となるプロの技を示すことができる（困難な業務をどのような手順や方法でやり遂げていくか、「よき手本」を示すことができる。高い専門性に基づく業務とはどのようなものか、「よき手本」を示すことができる）。

□ **10** 「どのような福祉を実現したいか」「どのような支援・介護・看護・ケアマネ業務を推進する職員になりたいか」、夢を語ることができるし、夢実現に向けて行動をしていると自信をもって語ることができる。

Check

「強固なメンバーシップ意識」定着度自己チェックリスト

□ 1 組織内での自らの使命と役割を理解しているし、その実現に向けて行動を起こし、着実に成果をあげていることを、第三者にも説明できる。

□ 2 日々当たり前に行っている業務であっても、「本当にこの方法でいいのか」「もっといい方法はないか」、確認する姿勢を示している（その結果、確認した問題や課題、修正すべき点については、行動を起こし、修正・改善を図ってきたという実績が示せる）。

□ 3 職場内の問題や課題の解決を、上司や先輩、同僚などに提案したことがある（単に問題点や課題などを指摘するのに終始するのではなく、改善に向けた行動計画を提案し、上司や先輩、同僚などの賛同を受け、改善を実現したとの実績を示すことができる）。

□ 4 改善に向けた提案が、上司や先輩, 同僚などから否定されたとしても、「もう二度と提案などしない」「何を言っても無駄」との態度は示すことはない（どうすれば、改善の必要性について共感してもらえるか、その方法を考える姿勢を示すことができる）。

□ 5 今、所属する職場・部署のなかで、常に最善の成果を出すとの気概をもって働いている（職場内に簡単には解決できない問題や課題があったとしても、「うちの職場はダメだ」「この職場にいてもいい仕事はできない」といったあきらめの境地に陥ることはない。「少しでもよくなるよう努力する」「レベルアップに貢献する」との気概をもって働いている）。

久田が説く

ここが重要！

「強固なメンバーシップ意識」を職場内に浸透させるために留意すべきポイント

- 業務レベルの低下や低迷の大きな原因の一つは、メンバーシップ意識の大切さとその意味が共有されていないことにあるとの事実を忘れない。
- メンバーシップ意識が希薄な職員は、業務レベルの低下を招く旗振り役になりやすい。
- 採用面接の段階から、「強固なメンバーシップ意識」をもって働くことの重要性を伝えるよう心がける。
- 「強固なメンバーシップ意識」の浸透に携わらなければならないのは、トップリーダーだけではない。全職員で取り組むようにする。
- 「強固なメンバーシップ意識」の定義は、ただ覚えるだけではダメ。その定義を行動に移し、実績を積みあげていくことが重要である。
- メンバーシップはフォロワーシップとリーダーシップという二つの概念から成り立っている。
- フォロワーシップという概念に含まれるフォロワーとは部下や後輩、上司等がいい仕事ができるようにフォロー（下支え）する人という意味である。同時に、利用者の意思や希望、個別ニード、最善の利益、さらには権利擁護や利用者本位サービスといった福祉の基本理念をフォローする人との意味が込められている。

第02章

他者批判では人はついてこないし育たない

他の職員のエンパワメントに貢献できる職業人になる

他者の働きぶりに対する批判・不満の声

業務改善のアドバイスのために、週末、全国各地の福祉事業所を訪ね歩く。これが、私の〝生活習慣〟となってから、二〇年以上の歳月が流れた。訪問させていただく事業所は児童福祉施設、障害者施設、高齢者施設など多種多様。その数は、年間にすれば五〇か所を超える。

こうした活動を通して学んだ重要な事実がある。どのタイプの事業所であろうとも、職員と意見交換をする機会をもつと、他者の働きぶりに対する強い批判や不満の声が聞こえてくるという事実である。

批判・不満の矛先は多種多様

はたしてどの立場の職員が誰に対して、強い不満を抱くのか。この点について整理するのは簡単である。施設長や所長などトップの立場にある人は、直属の部下、すなわち、中間管理職の立場にある職員の働きぶりについて不満の声を漏らすケースが多い。典型的な例は、「課長がその役割を十分に果たしてくれない」「管理職の立場にあるのに、こちらが望むような働きをしてくれない」というもの。

中間管理職の立場にある人や指導的な立場にある職員は、上下両方向に不満の意を示す傾向がある。上司に対しては、「指導力が足りない」「役割を果たしてくれない」との不満の声をあげる。部下に対しては、「こちらの思いをきちんと理解してくれない」「自分の役割を十分に果たしてくれない」といった声が典型例である。

ケアの最前線で日々利用者に向き合う業務を行っている職員の場合、不満の声はあらゆる方向に向けられる。「上司がきちんと役割を果たしてくれない」「上司が現場をわかっていない」と上司批判のケースもあれば、同僚に対して「十分な働きをしてくれない」と嘆きの声をあげるケースもある。

若手職員（あるいは経験年数が浅い職員）は、ベテラン職員の働きぶりに対して不満の声を露《あら》わにするケースが多い。

「雑な接し方をする」「利用者に対する姿勢が冷たい」「自分たちのやり方を押しつけるだけ」などといった声がその典型例である。ベテラン職員の場合はその逆で、若手職員に対して「意欲がない」「積極性がない」「常識に欠ける」「一度、教えたことをすぐに覚えてくれない」と不満の意を示すケースが多い。

不満の矛先は、他職種職員にも向けられる。高齢者施設の介護職員の場合であれば、生活相談員、ケアマネジャー、看護職員などの働きぶりに対して批判的見解を示す。もちろん、その逆もしかりだ。生活相談員、ケアマネジャー、看護職員が、介護職員の業務に不満の意を示すケースもある。

謙虚に傾聴し、改善を図る姿勢はもちろん必要

不十分な働きぶりに終わっている職員に対し不満感を抱くのは、至極当然のことである。批判したくなる気持ちは理解できる。

トップの立場にある施設長や所長がその役割を果たしてくれなければ、組織は迷走する。利用者のサービス利用満足度は地を這うレベルに低下し、家族からも厳しい視線が向けられるようになる。社会からも「時代の要請に応えていない」「存在意義がない」との批判を受けるなど、厳しい立場に追い込まれる。トップの立場にある者はそうならぬよう、常に現場に目配りし、明確な指針を示して、組織をあるべき方向に導くよう努めなければならない。

中間管理職は、ミドルマネジメントを司る立場として、組織があるべき方向に向かうようリーダーシップを発揮しなければならないし、現場に対する目配り、気配り、心配りによって、部下がその

使命を果たせるようサポートしていく責務を担う。

最前線で働く職員や、さまざまな領域の専門職として働く職員は、専門性を発揮し、それぞれの立場で利用者本位サービスの実現に向けて努力邁進していく責任がある。

各職階、各職種の職員が、その責務と使命を存分に果たしていない状況にあるとすれば、上司、先輩、部下、同僚、後輩など共に働く仲間から、批判を受けるのは当然である。批判の声を謙虚に受けとめ、改めるべき点を着実に改めていく。そんな姿勢が求められる。

批判や不満の声が寄せられているのに、聞こえぬふりをする。どのような声があがっているのか、耳を傾けようとする姿勢は皆無の状態で、自分に対する厳しい声には、即座に反発の姿勢を示し受けとめようとしない。「私なりに一生懸命やっているのに批判ばかりしないでよ」と逆ギレする。「そんなこと言うんだったら、もう知らない。協力しない。自分一人で好きにやればいいじゃない！」と開き直る。時には、批判の声を寄せる人に対して、協力しない、口をきかない、あからさまに無視するといった形で〝復讐〟の姿勢を示す。これらの態度は言語道断。社会福祉専門職としてはいうまでもなく、一人の職業人として決して許される行為ではない。この点はしっかりと心しなければならない。

批判の対象となっている人に一〇〇パーセント〝問題〟があるとは限らない

ただし、職場内における他者批判に関しては、決して見落としてはならない重要なポイントがある。他の職員に対して不満や批判の声をあげる人のなかには、相手に問題があると決めつけてかかる人がいるという点である。超主観的かつ一方的な見方で相手に一〇〇パーセント非があると決めつける人がいるという点である。

自分の主張は一〇〇パーセント正しく、非はすべて批判や不満の矛先を向ける相手にある。そう信じて疑わず、相手にばかり行動を改めるよう要求する。相手にのみ、変化に向けて行動を起こすよう要求する。悪いのは批判の矛先を向ける相手なのだから、改善に向けて行動を起こさないのは無責任だ。興奮気味に、そんな発言を繰り返す。

だが、実際に批判の対象となっている人の行動を確認すると、必ずしもその人にすべて非があるとは限らない。たとえ不十分な働きぶりになっていたとしても、その責任がすべて本人にあるケースはほとんどない。別のところに重要な原因が潜んでいる。そんなケースが圧倒的に多い。

例えば、上司や先輩から、「働きが不十分」とみなされている部下・後輩のケースを考えてみよう。批判を受けている職員の働きぶりを観察すれば、確かに一つや二つ、不十分な点は確認できる。しかし、その責任がすべて本人にあるかといえば、そうとはいい切れない。

部下や後輩が「働きが不十分」で「思うように働いてくれない」「役割を果たしていない」状況に陥っているのは、上司や先輩にあたる立場の職員が、どのような働きぶり・役割をすれば、思うような働きぶり・役割をしたと評価するのかを伝えていない。判断の基準を示していない。どのレベルまで達することを求めるのか、期待値を示していない。いや、それどころか、こんな事実が判明する場合もある。そもそも、不満の姿勢を露わにする上司や先輩にあたる職員が、部下・後輩が一人の職業人としてどのような責務を果たすことが必要とされているのかを理解していない。すなわち、指導者側である上司や先輩側に、改めるべき点があるというケースである。

その逆もしかりだ。上司に対して、批判の声をあげる人は、「上司が役割を果たしてくれない」「上司がきちんと話を聞いてくれない」などといった点を問題として指摘するケースが多い。確かに上司がその役割を果たさない状態にあるのは問題である。部下の声に耳を傾けないのも大きな問題だ。それが事実であるとすれば、大いに反省すべきである。この点は間違いない。

ところが、だ。上司に対して強い不満感を示す人に、次のような質問を投げかけると、決して看過できない重要な事実が浮かびあがってくる。

「確かに、上司が役割を果たしてくれないのは困りますね。その点はよくわかります。ところで、あなたは上司の役割は何であるか、理解していますか。どのような役割を果たすことを求めているのか、教えてください。」

この問いに対して、頭を抱えるばかりで答えられない。答えられたとしても、しどろもどろの見解で、とても理解して発言しているといった内容にはなっていない。

こうしたケースでは、「上がきちんと話を聞いてくれない」と不満感を示す職員に対して、さらに次の質問を投げかけることにしている。それは、「これまで何回くらい自分から話を聞いてもらう努力をしてきましたか。具体的な回数を教えてください」「上司に対して、こうして欲しい。この点について力を貸してもらいたい。私はこういったことに取り組みたいと思うので、アドバイスをお願いしますと自分から働きかけた回数を教えてください」との問いである。

この問いに関する答えで、最も多いのは、「ほんの数回」である。一、二回程度という答えである。

なかには、「よく考えてみると、世間話はするけど、仕事に関して自分の思いを伝えた経験はない」「上司に対して、直接こうして欲しい、ああして欲しいと希望を伝えようとしたことはない」「こういうことをしたいので、手を貸してほしいと、自分から話を聞いてもらうための努力をしたことは、一回もない」と明言する人もいる。

こうした事実は何を物語るのか。上司から働きかけてくることは求めているが、自分から上司に対して、声をあげたり、働きかけたりするといった行動を起こしてはいない。一人の職業人として、必要があるときに、自主的、自発的、さらには積極果敢に行動するとの姿勢を示していない。上司に対しても必要があるときには、自分から働きかけていくという姿勢を示していない。つまり、受け身の姿勢にどっぷりと浸かっていたとの事実を示しているのである。不満や批判の声をあげることに終始するだけで、自分自身は行動を起こさない。職場内に問題や課題があったとしても、解決に向けて行動を起こさない。そのような状況に陥っていた可能性が高いとの事実を示しているのである。

大切なのは他職員のエンパワメントに貢献すること

こうした罠に陥らないためには、どうすればよいか。最も有効なのは、「すべての職員が、他の職員のエンパワメントに寄与する責任がある」という基本原則の確認である。どのような職種・職階で働いているかは一切関係ない。今の自分の立場から、他の職員のエンパワメント実現を図っていく。

ここでいうエンパワメントとは、「**重要な組織メンバーである他の職員（上司、先輩、部下、後輩、他職種職員など）が、もてる力をフルに発揮し、一人の職業人・専門職あるいは特定の職階にいる者として、その使命と役割が果たせるようサポートしていく**」という意味である。

施設長や所長であれば、部下のエンパワメントの実現に全力を尽くす。中間管理職であれば、上司が存分に力を発揮できるよう、さらには部下がその役割や使命を果たせるようサポートしていく。最前線で働く職員、あるいは専門職として働く職員は、他の職員が十分に力を発揮できるようサポートするとの姿勢を示す。先輩が後輩を支える場合もあれば、後輩が先輩を支えるケースもある。十分な働きをしてくれないと嘆いたり、批判の声をあげたりすることに終始するのではなく、十分な働きができるようサポートしていく。

もちろん、いきなり周りにいるすべての職員を対象とするわけではない。まずはターゲットを絞り、一人ずつ順番にサポートしていく。そんな姿勢で行動を起こしていく。

＊　　＊

他者のエンパワメントを担う職員となるために求められること

では、具体的にどのような手順や方法で他の職員のエンパワメントに向けて行動を起こしていくのか。そのプロセスは、次のように整理できる。

プロセス1　エンパワメント阻害要因の把握

働きが不十分な職員がいるとき、何がそのような状態を生み出す原因となっているのかを把握する作業に取りかかる。個人の特性や姿勢も要因として点検することが必要となるが、その点だけに注目すると、本当の問題がみえなくなることがある。

だからこそ、阻害要因の特定作業に取りかかる際には、本人を取り巻く外部環境の点検も忘れないことが重要だ。本人を力が発揮できない状況に追い込む外部要因がないか、特定する作業を丹念に行う。

例えば、経験が浅い職員の利用者に対する接遇姿勢に問題があるという場合、「どのような接遇姿勢が必要となるのか。先輩職員間、あるいは事業所全体で共通認識がなく十分な指導ができていなかった」という点が原因として特定できる場合がある。

プロセス 2

要因に応じたサポート策の立案

阻害要因のなかで特に重要なものを選び出し、除去に向けた対応策を講じる。例えば、接遇姿勢に問題があるケースでは、まずは、職場内で接遇に関する共通のガイドライン（基準）を作成する。そのうえで、一対一でガイドラインに沿った接遇ができるようサポートしていくという形の策を講じていく。

プロセス 3

サポート策の実行と進捗状況の確認

サポート策を実行し、問題が解決した場合は、その状況が維持できるようサポート策を継続していく。思うような成果があがらない場合は、策を練り直し、実行していく。実は、このプロセスは極めて重要である。職場内で問題解決に当たるとき、最も困難な点は、改善や問題解決に取り組んで、よくなったところが元に戻らぬようにしていくことだ。長年に渡り存在していた問題は、油断をするとすぐに元に戻ってしまうという特徴がある。そうならぬよう、たとえ、うまくいったと思えることでも、それで安心してしまうのではなく、定期的にチェックする。元に戻っていないか、あるいは元に戻る兆候を示していないか、チェックすることが必要となるのである。

＊　　＊

これがスタッフ・エンパワメント実践に向けた基本的取り組みであるが、同時に、もう一点、必ずチャレンジすべきことがある。

それは、**各職種・職階にある職員の役割と使命の確認**である。役割と使命が把握できれば、より的確なサポートができるようになる。他の職員が存分に力を発揮できるようサポートすることが可能になる。他の職員のエンパワメントに着実に貢献できる人になれるのである。

久田が説く

ここが重要！

他の職員のエンパワメントに貢献する職業人となるために留意すべきポイント

- 他の職員のできていないところをあげつらうだけの職員にはならない。
- 力が発揮できない職員がいるとき、原因をその人だけのせいにしない。
- 力が発揮できない原因は何かを考える習慣をつける。
- そもそもそれぞれの職種、職階にある職員が、どのような使命や役割を担っているのか、あらためて確認し理解を深める。
- 確認した使命や役割を他の職員が果たせるようサポートするのは、「自分の職業人としての使命である」との気概と覚悟をもって働く。
- 職員のエンパワメントとは、どのような意味なのか、正しく理解する（職員のエンパワメントとは、「各職員がもてる力をフルに発揮し、一人の職業人・専門職あるいは特定の職階にいる者として、その使命と役割が果たせるようサポートしていく」という意味である）。
- エンパワメントの実現に向けた具体的な取り組み手順と方法を理解し、実行に移す。

あなたから職業人としての力と冷静さを奪い取る恐ろしい魔性に屈しない

第03章

〝何となく冷たい態度〟を示す職員とのかかわり方を身につける

〝何となく冷たい態度〟が意欲あふれる職員から活力を奪い取ってしまう

あなたの周りにいないだろうか。なぜだかわからないが、〝何となく冷たい態度〟を示す職員が。自分としては気に障るようなことをした覚えはないし、その人との間で何かトラブルがあったとの記憶もない。しかし、次のような態度を共に働く職員から示され、心が苦しくなるという経験がないだろうか。

・あからさまではないが、何となく態度がよそよそしい。
・視線を合わせようとしない。
・他の職員にはきちんと報告、連絡、相談をしているのに、自分にだけはきちんとしてくれない。
・こちらから声をかけても、事務的な会話だけですぐ終了（表情に冷たさを感じる）。
・「あなたと話をしても楽しくない」との思いが、ちょっとした表情や素振りから伝わってくる。

・楽しそうに会話をしている職員の輪のなかに入ろうとすると、即座にスーッとその人だけいなくなってしまう。

もし、あなたの周りにこうした態度を示す先輩、同僚、後輩がいるとすれば、気をつけなければならない。彼らの標的となった職員が、精神的に追い込まれてしまうケースがあるからだ。冷たい態度によって、次のような状況に追い込まれる可能性が高くなるからである。

・**働く意欲が奪われてしまう。**
・**業務に対する集中力を奪い、ミスをおかしやすくなる。**
・**対応が困難な行動を示す利用者に対して、じっくりと寄り添いながら支える心のゆとりが奪い取られてしまう**（その結果、利用者に対して上から目線で対応したり、指示的・叱責的態度で接したりするなど、不適切な業務の罠に陥ってしまうケースさえある）。
・**冷たい態度を示す職員を放置する上司に対して、強い不信感を抱くようになる。**
・**離職を決意する**（才能あふれる職員が、短期間で職場を去る状況へと追い込まれてしまう）。

“何となく冷たい態度”に潜むもの

こうした状況に追い込まれないようにするためには、どうすればよいか。具体的な対応策について考える前に、確認しなければならない重要なポイントがある。“何となく冷たい態度”には、ある種の知られざる特性が潜んでいるという点である。他の職員からは、被害状況や事態の深刻さが把握しづらいという極めて困った特性があるという点だ。

標的になっていない人からは見えづらく、確認しづらいという知られざる特性が潜んでいるという点である。

もし、誰がみても一目瞭然という形で、ある職員が冷たい態度、あるいは誤った言動を示していたらどうなるか。自分が気に入らないと思う職員に関して、「きちんと仕事をしてくれない」「手抜きするから困る」などと事実無根のことを他の職員に言いふらす。「見るだけで腹が立つ」「早く辞めてくれればいいのに」などと不穏当な言動を繰り返す。こうした形で明らかに不適切な態度を示している場合、信頼関係が築けている上司、先輩、同僚に、自分がどれくらい困っているか、即座に安心して相談できる。多くの人が目にしたり、耳にしたりしたことがあることが分かっているからである。誰かに相談をしたとき、その人から「あなたの思い過ごしじゃないか」との指摘を受ける心配がないからである。

たとえ、自分のほうから上司、先輩、同僚に声をかけなくても、誰もが容易に特定できる形で冷たい態度が示されている場合は、その状況に気づいた職員から、「大丈夫ですか」「困っていることがあったら相談にのりますよ」と、声をかけられる可能性も高くなる。ちょっとした気遣いや心遣いを受けると、心はずいぶん楽になる。たとえ即座に問題解決に至ることができなくとも、つらい状況から解放された気分になる。「私のことを気にかけてくれる人がここにはいる」「思いやってくれる人がいる」との安心感が、心の支えとなるからだ。

しかし、〝何となく冷たい態度〟の場合は、こうはいかない。標的になっている職員以外には、事実関係の確認がきわめて困難。他の職員が事態の深刻さや被害の大きさを把握するのは至難の業となる。そのため、苦しいときに、必要なサポートが得られないという状況に陥りやすい。運よく相談にのってくれる人がみつかったとしても、十分なサポートが受けられる可能性は決して高くない。実際にその場面を見たわけではないので、相談を受ける側の姿勢は腰が引けた状況になりやすい。相談にのってサポートしたが、実は〝何となく冷たい態度〟など存在しなかったとなったら、自分が職員間のトラブルに巻き込まれてしまう。そんな思いが、相談にのる人を尻込みさせてしまうためだ。どんなに思いやりがある人であっても、確証がない状態では、全身全霊で「あなたを支えます」との姿勢は示せない。これが、〝何となく冷たい態度〟を受ける人が、誰からのサポートも受けられず、長期にわたり、つらく苦しい状況におかれやすくなる大きな原因の一つである。

〝何となく冷たい態度〟はボディブローのように人の心を傷つける

〝何となく冷たい態度〟に潜むもう一つの重要な特性は、**標的となった職員の心を確実に蝕んでいく恐ろしい側面があるという点だ**。標的となった職員の心を、一発で打ちのめし、ノックアウトするような破壊力はないが、受けるダメージは深刻である。ボクシングでいえば、ボディブローがもたらすダメージに酷似している。当初は、たいしたことないと高《たか》を括《くく》っていても、何度もボディにパンチを受けるなかで、あるとき、突然、身体が動かなくなる。ボディブローによるダメージが身体の奥底に大きなダメージを与え、全身の力を奪い取ってしまう。

〝何となく冷たい態度〟も、ボディブローのように人の心にダメージを与える。当初は、何となく「冷たいな」と感じる程度のものなので、さして深刻には捉えない。目に見えない形での〝攻撃〟であるため、心にダメージがおよんでいることに気づきもしない。しかし、繰り返し冷たい態度にさらされるなかで、ダメージは着実に蓄積されていく。気づいたときには、心身共に大きなダメージを受け、心の穏やかさを失う。思うような働きができなくなる。冷たい態度を示す職員の姿を見ただけで、心が大きく動揺し、気持ちが落ち着かなくなる。日常業務をこなすのも困難なほど、苦しい状況に追い込まれる。〝何となく冷たい態度〟には、対象となる人に、極めて大きなダメージを与える、魔性ともいうべき恐ろしい特性が潜んでいるのである。

〝何となく冷たい態度〟に対する基本的対応法

もし、自分が〝何となく冷たい態度〟にさらされるとしたら、どうすればいいのだろうか。どうすれば、その魔の手から自分自身を守ることができるだろうか。ここでは、対応の基本原則を紹介する。〝何となく冷たい態度〟に翻弄されない職業人になるために、以下に示す基本原則の習得に着手していこう。

■原則①：「冷静に」を心がける

まず、心がけなければならないのは、冷静な対応である。すでに何度も冷たい態度を示され怒り心頭に発する状況になっている場合は、「人間関係においては怒りをコントロールできなくなったほうが負け」「怒りを相手にぶつけて実りある結果を生み出すことはない」と自分自身に言い聞かせる。

■原則②：真っ向勝負を挑み、相手を負かそうと思わない

冷たい態度を示す人に対して、真っ向勝負を挑み、態度を改めてもらおうとしても、うまくいく公算は極めて小さい。相手を打ち負かそうとの思いをもって対応すれば、言動が攻撃的になる。相手は身を守ることに心を奪われ、冷たい態度を示した覚えはないとの姿勢を強めるだけ。真っ向勝負ではなく「どうすればこの事態が改善できるか、その方法を考える」との姿勢で、事態の打開に取り組むようにする。

■原則③：うまく人間関係が築けている職員から解決に向けたヒントを学ぶ

〝何となく冷たい態度〟を示す人とよい関係が築けている職員は、必ずいる。彼らの何気ない素振りや言動を観察し、事態打開のヒントを学ぶように努める。うまく人間関係を築いている人が、自分にとっても腹を割って話せる職員である場合は、状況を説明し、助けを仰ぐ。

■原則④：無意識のうちに誤解される態度を示していないか振り返る

人間関係においては、どちらかだけが一〇〇パーセントすべて悪いというケースは滅多にない。自分の何気ない言葉遣いや態度のなかに、〝何となく冷たい態度〟を生み出したり、助長させたりする原因が潜んでいるケースもある。日頃の自身の言葉遣いや態度、業務への取り組み方やその方法などを一つひとつ振り返り、誤解されるものがないか、チェックする。誤解される可能性がある事柄に気がついた場合は、改善に向けて行動を起こす。

■原則⑤：その人が助かること、その人の役に立つことをするよう心がける

よい人間関係をつくり出す最も重要なポイントは、相手に明確な形で貢献するという実績を積み重ねていくことである。

「この人と一緒にいると助けてもらえる」「自分がメリットを受けられる」「プラスの何かをもたらしてもらえる」。こうした点が実感できるようになれば、たとえ当初は自分に対してマイナスの視点を示していた人であっても、プラスの視点でみてくれるようになるというケースは数多くある。相手が〝何となく冷たい態度〟を示す人であっても同様だ。相手が自分にプラスの何かをもたらしてくれるということがわかってくれれば、マイナスの態度は示さなくなる。なぜそうなるのか。理由を説明するのは難しくない。そもそも、その人が〝何となく冷たい態度〟を示すようになったのは、何らかのきっかけで（多くの場合、誤解であるが）、相手を自分にとってマイナスの存在であるとみなしてしまったためだ。プラスの存在であることが明らかになれば、攻撃の必要性はなくなる。自然に和解へと導かれるようになる。

原則⑤については、もう少し説明を加えよう。読者のみなさんのなかには、この原則で示された対応策に対して、「納得がいかない」と憤る人がいるかもしれない。「冷たい態度を示し、他者に不快感を与えた人は、行動を改めるよう指摘されるべきだ」との思いを強く抱く人がきっといるに違いない。

その気持ちはよくわかる。当然の主張でもある。実をいうと、最後の原則の最も重要なポイントは、これまで〝何となく冷たい態度〟を示した人に自らの非に気づいてもらうためである。行動を改めてもらうための取り組みでもある。

〝何となく冷たい態度〟を示していた人に貢献し、信頼が勝ち取れていれば、後で、機会をみつけて、二度とそのような行動を示すことがないように助言することは可能だ。「あなたには素敵なところがたくさんあるけれど、かつて見かけた態度や姿勢は誤解される可能性があるので改めたほうがいいですよ」とアドバイスできる。信頼関係ができていれば、これで人間関係が崩れることはない。冷静に受けとめてもらえる公算が大きくなるのである。

久田が説く

ここが重要！

“何となく冷たい態度”にうまく向きあうために留意すべきポイント

- “何となく冷たい態度” がもたらすダメージを軽視しない。
- 明らかに人を傷つけるような言動でなくても、それが気持ちを大きく傷つけることがある（とりたてて問題がないようなささいな言動が、人の心を大きく傷つけるケースがあるとの事実を忘れない）。
- 被害に遭っている人がそれに気づかないところが、“何となく冷たい態度” の恐ろしさであることを見落とさない。
- 明朗闊達な姿勢で働いていた人の表情が、さしたる理由もなく暗い表情へと変化する事態が生じた場合には、可能性の一つとして “何となく冷たい態度” の被害に遭っていないか、確認に努めるようにする。
- “何となく冷たい態度” を示す人に対して、真っ向勝負を挑まない（冷静沈着な対応を心がける）。
- “何となく冷たい態度”を示す人にとって、役に立つ人になるよう心がける（その人にとって助かること、役に立つことを行っていけば、相手は冷たい態度を示しにくくなる）。

第04章

上司批判に終始するだけの"ダメ部下"にはならない

"ダメ上司"を"よき上司"に育てあげる"よき部下"になる

上司に対する嘆きの声からみえてくること

福祉関連事業所で働く人から、私に寄せられる相談で最も多いものは何か。年によって多少の順位変動はあるが、トップ3に必ず入ってくるのが、上司に関する相談である。彼らが揃って口にするのが、「上司が私たちの気持ちを理解してくれない」「上司が本来果たすべき役割を果たしてくれない」「上司に相談をしても何も行動を起こしてくれない」などといった嘆きの声だ。

どの立場にいる上司への不満が一番多いのか。この点を調べてみると、興味深い重要な事実が浮かびあがってきた。不満の対象

となるのは直属の上司（あるいは先輩）であるという点である。介護、生活支援、就労支援などの最前線で働く職員で経験年数が比較的少ない人は、各ユニット・各部署のリーダークラスの職員に対して不満の声をあげるケースが多い。経験年数が長い現場職員やリーダークラスの職員は、主任あるいは副主任に対する不満の声、主任クラスの職員は、課長や部長など管理職クラスの職員に対して「役割を十分に果たしてくれない」との不満の声をあげる。課長・部長クラスは遠慮がちにではあるが、施設長に対して「トップとしてリーダーシップを発揮してくれない」と苦しい胸の内を明かすケースが多い。

直属の上司への不満は業務レベル低下をもたらす要因となる

なぜ直属の上司に対する不満の声が一番多いのか。理由を説明するのは難しいことではない。職階がはるか上の上司の場合は、たとえ誰の目から見ても十分な役割を果たしていない状態であったとしても、接する機会が少ないので利害も直接絡みにくくなるためだ。「困った上司だ」との思いは抱くかもしれないが、直接被害を受けないので、冷静に向き合える。モチベーションの低下や業務姿勢の劣化といった事態には発展しにくい。

しかし、直属の上司の場合はそうはいかない。接する機会が多いので、利害関係が絡みやすい。頻繁に顔を合わせる関係だからこそ、ちょっとしたすれ違いや誤解が不信感へと発展しやすい。人間関係がこじれにこじれ、修復しがたい状態に陥ってしまう。そうなってしまえば、職場も被害甚大の状態になる。直属の上司と部下との間の不信感が部署全体のモチベーション低下を生み出し、業務内容が目を覆うような低レベル状態に陥ってしまう。

こうした事態を食いとめるには、どうすればいいか。最も重要なことは、自分の役割を果たしていないようにみえる上司、すなわち、〝ダメ上司〟との向き合い方と対応法をしっかりと身につけることである。たとえ、今上司に恵まれている人であっても（はたまた、これまで一度も〝ダメ上司〟に遭遇した経験がない人であっても）、油断は禁物である。職業人として働いていれば、〝ダメ上司〟に遭遇する可能性は決して小さくない。その日に備え、対応策を身につけるようにしよう。

その秘策は、次の３点に集約できる。

秘策１　冷静さを維持し、真っ向勝負となるような感情的言動は慎む

〝ダメ上司〟と思えるような人がいると、冷静でいられなくなる。顔を見るたびに、「どうして自分の役割を果たしてくれないのか」「どうして私たちの気持ちを理解してくれないのか」などと、相手を責め立てるような感情が心の奥底から頭をもたげてしまう。

気持ちはよくわかるが、その感情に振り回されてはいけない。職場内の人間関係においては、冷静さを失い感情にまかせて相手を叱責するような態度を示した人が〝負け〟になりやすい。冷静さを失うと、口調が乱暴になったり言い過ぎてしまったりする。真っ向勝負の状態で相手を追い込めば、相手も黙ってはいない。身を守るために逆襲に転じ取り返しがつかないほど、人間関係がこじれる状況になってしまう場合があるからである。

秘策2　本当に〝ダメ上司〟なのか、事実誤認はないか、チェックする

第二のポイントは、直属の上司が本当に〝ダメ上司〟であるか、見極めることである。本当は、職場をよき方向に導こうとしている〝よき上司〟なのに、何らかの理由で誤って〝ダメ上司〟とのレッテルを貼っていないか、チェックする作業に着手する。

チェック方法は簡単だ。直属の上司が次に示す七つの姿勢を、行動が伴う形で示しているか、確認する作業に取りかかる。

□職場・事業所・各部署をあるべき方向に導く姿勢を有している

事業所が掲げる理念の実現に向けてどう行動すべきか、正しい方向を示してくれる。利用者本位サービス実現に向けて、何をすべきか、明確な指針を示してくれる。

□業務をやりっ放しにせず、常に振り返る姿勢を有している

振り返った結果、問題や課題が確認できた場合は、解決に向けて行動を起こすとの姿勢を示している。長年にわたり「これでいい」と思って行っている定型業務であっても、本当にこの方法でいいのか、もっと違うやり方はないかといった視点で確認する姿勢をもっている。改めなければいけない点に気づいたときに、改善に向けて行動をする姿勢を示している。

□新しいことにチャレンジする姿勢を有している

常に新しい何かを創り出す、よりよきサービスを創り出すといったクリエイティブな姿勢を示している。

□組織内に改めるべき点がある場合、目を背けたり、見て見ぬふりを決め込んだりするのではなく、直視する姿勢を有している

問題点や改善点がある場合、目を背けず直視できる。部下や後輩にきちんと指摘できる。単に「問題だ」と指摘するのに終始するのではなく、どうして改める必要があるのか根拠を示せる。問題解決に向けて方向性を示すとの姿勢を有している。

□組織を悪しき方向に導こうとする勢力に立ち向かう姿勢を明確に示している

権利侵害とみなせる行為、あるいはそう受け取られかねない行為に手を染める人に対して、毅然とした態度で対応している。とてもプロとは呼べない不適切な姿勢で働くことは許さないとの姿勢を示している。

□部下や後輩に対して常に感謝とねぎらいの気持ちをもって接する姿勢を示している

部下や後輩に対して思いやりや愛情が伝わるような接し方を心がけている。厳しい指摘をする場合も、部下や後輩が納得できるよう、伝え方を工夫している。頭ごなしに叱りつけたり、感情をぶつけたりするような言動は不適切だということを理解している。

□新たな知識や技術の習得に向けて余念がないとの姿勢を示している

自分自身も常にスキルアップに努力しているし、他の職員に対してもその重要さを説き続けている。

さて、あなたの直属の上司はどうか。これらの姿勢と行動力を示しているだろうか。示しているとすれば、その上司を、〝ダメ上司〟とみなすのは明らかに誤りだ。本来の役割を果たしている、あるいは果たそうとする人を、〝ダメ上司〟とみなしている可能性が高い。「上司が言うように組織をいい方向に導くのは大変だ」「楽な仕事をしたい」などといった部下側の甘えが、「あの上司はダメだ」「現場の大変さがわかっていない」などといった批判に結びついている公算が強い。

実際に社会福祉施設の現場を訪ね職員と意見交換をすると、上司として本来の役割を果たそうと努力している人が、他の職員から現場に理解がない〝ダメ上司〟だとのレッテルが貼られているケースに遭遇する。その数は決して少なくない。だからこそ、声を大にして言わねばならない。職場の上司を一方的な思いや感情で〝ダメ上司〟の烙印を押すという誤った判断をしていないか、常に確認する姿勢が求められるのである。

秘策3 「上司を〝よき上司〟に育てあげる」というボトムアップの姿勢をもつ

万が一、先のチェック項目に照らし合わせて上司の姿勢や言動を判断した結果、ほとんどの項目が「できていない」と確認できた場合はどうするか。たとえそうであっても、あきらめは禁物だ。

そもそも、この世に完璧な上司など存在しない。どんなに才能あふれる上司であっても、部下のサポートなしには組織や部署をよき方向に導くことはできない。部下からのサポートがあってはじめて、その役割が果たせるようになる。その結果、〝ダメ上司〟の状態との訣別を図り、よきリーダーとなるための階段を一段ずつ登っていけるようになる。

だからこそ、お願いしたい。チェックの結果、不十分な上司との結果が出た場合は、「私が他の職員と協力して、この上司を立派な上司に育ててあげる！」とのボトムアップの姿勢をもって、上司育成にチャレンジしてほしい。素晴らしい実績を示す職場では、上司がその役割を全うできるよう部下が下支えするボトムアップが機能するという注目すべき特徴がある。ボトムアップこそが上司を〝ダメ上司〟の状態から解放する最も実効性の高い取り組みといえるのである。

育て直しに向けた具体的な取り組み例として、問題や課題を直視するのが不得意な上司を下支えし、よき上司へと育てていく方法を紹介しよう。ポイントは次の2点に整理できる。

第一は、どんなに頼りなくみえる上司だとしても、批判的な視線を浴びせたり、「どうして解決に向けて努力してくれないのか」と責め立てたりしないということ。そんな態度は百害あって一利なしで、全くの逆効果で終わる。彼らが直視できない状況にあるのは、問題や課題の存在に気づいていないからではない。「自分に力が足りないから、こうした問題や課題が生じたのではないか」との思いがあるためだ。「この問題の解決に向けて行動を起こそう」と部下に働きかけたら、「それはあなたが上司として役割を果たしていないからでしょ。解決したいのであれば、自分でやればいいじゃないか」との反発を受けるのではないか。こうした思いが脳裏をかすめるためだ。

第二は、「力を貸してほしい」とのアプローチで接するということ。例えば、「職場内の課題を整理したいので、今度、若手職員と一緒に確認する話し合いの場をもとうと思っています。もし可能であれば、課長（部長、主任）も同席してアドバイスしていただけないでしょうか」といった形で働きかける。参加してくれた場合は、会議の最後の場面で感謝の気持ちを明確に伝える。これからも力を貸してくださいとのメッセージをしっかりと伝える。

こうした努力の積み重ねが、上司が育つ土壌を作りあげる礎となる。ボトムアップが機能する職場を築きあげる重要な一歩となる。

＊　＊

福祉の職場が真の意味で強いプロ意識をもった職員が集う場となるためには、「〝ダメ上司〟がいて困る」と嘆くことに終始する姿勢との訣別が欠かせない。「〝ダメ上司〟の状態に陥っている上司をその状態から救い出す」「上司が〝ダメ上司〟の罠に陥らぬよう、あるべき方向に導く」「部下である私たちが、上司をよき上司へと育てあげていく（あるいは**育て直していく**）」とのボトムアップの姿勢を、職員間で共有することが求められているのである。

久田が説く

ここが重要！

″ダメ上司″を″よき上司″へと変貌を遂げさせる ″育てあげ″のポイント

- 不十分な働きに終わっている上司であっても、「ダメだ、この上司は！」と一方的に見捨てる姿勢に陥らない。

- 否定、批判、責める姿勢から入るのではなく、どんな強みがあるか、どんなことが得意か、どんなことを重視しながら働いているか、どんなことに喜びを感じているのか、上司が有するプラスの特性を吟味する。

- 他の職員が「うちの上司はダメだ」と批判を繰り返す場面に遭遇したとしても、安易に迎合しない。

- 上司に不十分だと思える部分があるとすれば、それは具体的にどんなところなのか、列挙する作業に取りかかる。同時に、なぜそれが不十分だと言えるのか、根拠を明らかにする作業に取りかかる。

- 正しい方向に上司をいざなう場合には、「その姿勢は不十分です」と否定的・批判的な姿勢でアプローチするのではなく、「○○したいので、力を貸してください」「○○についてぜひ力を貸してくれませんか」などと、“頼りにしています”とのオーラを出しながら、頼むようにする。

高い志をもつだけでは信頼されるリーダーにはなれない

第05章

「ダメ上司・管理職」の類型を反面教師にして、よきリーダーとなるための準備をする

成長する職場の特徴から学んだこと

福祉の職場に関する二〇年以上におよぶ研究のなかで、伸びゆく職場にはどのような特徴があるか、重要な事実を学んだ。業務レベルが向上し続ける職場には、二〇代半ばや三〇代前半といった比較的若い世代の職員のなかに、高い志を抱く職員が必ずいるとの事実である。まだまだ胸を張るような実績はないが、彼らの表情からは熱い思いが伝わってくる。「これからしっかりと経験と実績を積み重ねて責任ある立場にたつ！」との思いが、ちょっとした仕草や言動からしっかりと伝わってくる。

なかには、「まだまだ力不足ですが」と前置きをしながらも、

表情を輝かせながら、「このときまでには、こうなりたい」と具体的なポスト名をあげて、強い上昇志向があることを明言する人もいる。例えば、「三年後には少なくともユニットリーダーとして、後輩を引っ張る職員になりたい」「五年後には、主任として、責任ある仕事をしたい」などといった意思表示だ。ごく稀ではあるが、「一〇年後には、私は絶対に施設長になります！」と豪語する勇敢な人もいる。

高い志をもった職員が職場のレベルアップを図る原動力となる

うれしいことに、こうした発言をする職員と出会うケースはここ数年、着実に増えてきた。この種の職員と出会うのは、すでに高いレベルの業務を達成している職場とは限らない。現時点では業務が低迷状態にある職場でも、挫《くじ》けず、へこまず、投げ出さず、「いつか自分が責任ある立場にたって、何とかしたい」「いつか絶対にこの状況を変えるんだ」との高い志をもって働く職員と出会うケースが格段に増えた。

こうした姿勢をみせる職員に会うたびに、私は勇気づけられる。福祉の業界は大丈夫だとの思いを強くする。業界全体を見渡すとまだまだ少数派である点は否めないが、「いつの日か、責任ある立場にたって、夢を実現したい」「利用者本位サービスを謳《うた》い文句で終わらせるのではなく現実のものとしたい」「福祉の世界の素晴らしさを後輩や部下として働く職員に実感させられるリーダーになりたい」との思いを抱く職員が、若い世代を中心として、着実に増え続けている。これは頼もしい限りだ。彼らこそ、次代を担う重要な存在であるからだ。

大志を抱く人に必要なのは「どうすれば志が遂げられるか」、道筋を示すこと

巷《ちまた》では、「最近の若者はなっとらん！」と若者批判が声高に叫ばれることがある。「常識がない」「問題意識がない」「プレッシャーに弱い」「意欲がない」などとの批判がその典型例だ。

報道番組やワイドショーなどでも評論家のみなさんが「最近の若者はけしからん。わしらの若い頃は…」と自分たちが若い頃の話を引き合いに出して、批判的コメントを示すケースがある。もちろん、これらの批判は的を射ている面もある。問題意識や意欲に欠ける若い世代がいるのは厳然たる事実だ。

ただし、「なっとらん！」と批判を受けるような行動に陥っているのは若い世代だけとは限らない。他の世代のなかにも当てはまる人はいる。四〇代、五〇代、六〇代であろうとも、プロフェッショナルな職業人としての観点からすれば、残念ながら「なっとらん！」と批判されるような姿勢を示す人はいる。若年世代だけをターゲットにして、「なっとらん！」と批判する必要はない。

大切なのは、高い志をもった職員が、思いだけで終わるのではなく、真のリーダーとして、着実に育つようサポートしていくことだ。どうすれば、志が遂げられるか、とるべき道筋を示す。どのような点を強化すべきか。自身が有するどのような持ち味をどのような方法で伸ばしていくか。さらなる成長には弱点や苦手な点の克服が必要な場合、どうやって乗り越えていけばいいのか。リーダーとなるためにはどのような視点、価値観、人間観、援助観、介護観等をもって働くことが求められるのか。どのようなスキルや知識を磨いていく必要があるのか。こうした点を次の世代に伝えていくことが、すでに管理監督者のポストに就いている人、次のリーダーを育てる立場にある人の

重要な使命といえる。

熱い想いだけでは、よいリーダー（上司、管理職）にはなれない

その使命を果たすために、まず取り組まなければならないのは、リーダーとなるためには何が必要か、基本的な心構えの伝達である。とりわけ重要となるのは、「熱い想いを抱くだけではよきリーダーにはなれない」、「部下や後輩から信頼されるリーダーになるには、十分かつ適切な準備を忘れてはならない」とのメッセージの伝達である。

高い志を抱く人のなかには、熱い想いさえあれば、何でも成し遂げられると頑《かたく》なに信じる人が少なからずいる。熱い想いは確かに必要だ。「福祉の職場で成し遂げたいことがある」「成し遂げたい夢がある」といった姿勢を示す人がいるのは、喜ばしいことだ。基本的には、歓迎すべきことであるのは間違いない。

だが、しかし、である。熱い想いには、過信という諸刃の剣の側面が潜んでいる。一方では志を遂げる原動力となるが、他方では想いだけが空回りし、過信の罠《わな》に陥らせる場合があるという恐ろしい側面がある。

その典型は、「自分は向上心をもって、日々、業務に取り組んできた。同僚や後輩ともしっかりとコミュニケーションをとり信頼関係を築いてきた。だから、上司となってからも、彼らとうまくやっていけるに違いない。自分は、もう上司になる準備はできている」という思い込みである。

今、同僚や後輩といい関係を築いている人であれば、こうした想いを抱きたくなる気持ちは理解

できる。しかし、いざチームリーダーや管理職など具体的な形で〝上〟の立場にたつと、うまくいかなくなるケースが少なくない。その典型例を一つ示そう。

＊　＊

Aさんは二八歳。特別養護老人ホームで働いて六年目になる。この四月から、ユニットリーダーに抜擢された。年度末にその話を上司からはじめて聞いたときは、もちろん戸惑った。「自分で大丈夫かな」との思いがあった。でも、「これまでユニットの仲間とは対立せず、うまくやってきた。同僚や後輩職員とは気軽に話ができていたから、立場が変わっても、きっと大丈夫。うまくやっていけるだろう」という思いもあった。絶対的な自信というわけではないが、「大丈夫。何とかなる」といった思いをもって引きうけることにした。

いざ、リーダーとして新年度を迎えると、事態は一変した。一か月くらいたったところで、かつての同僚との間に距離ができていることに気づく。自分としては、以前と同じように他の職員に声をかけるのだが、返ってくる返事は何となくよそよそしい。かつては、「こうしようか」と提案すると、「そうだね。そうしよう」と気軽に応じてくれていた。だが、今そうなることはほとんどない。「こうしよう」と声をかけると、「えっ、どうしてですか?」「いやぁ、ちょっと、そんなこと言われても…」などといった反応が返ってくる。

自分としては、上のポジションに就いたからといって、高飛車な態度を示した覚えはない。なのに、どうして、かつての同僚が離れていくのか。「何とか関係を修復しなければ」という焦りと、「なぜ彼らは態度を変えたんだろう」といった苛立ちが入り交じった状態になる。次第に苛立ちのほうが強くなり、ある日、つい感情的な態度をかつての同僚たちの前で示してしまった。「この前頼んでいたこと、やってないじゃないか！」ときつい口調で言ってしまった。

これが、関係を修復しがたいものにする決定打となってしまった。リーダーとユニットメンバーとの間にコミュニケーションがない状態に陥ってしまった。チームワークが機能しないユニットになってしまったのである。

＊　＊

こうした例は決して珍しいものではない。リーダーになる前は「大丈夫。自分ならできる」と思っていたが、いざ蓋を開けてみると、思うようにいかない。かつて仲のよかった同僚が自分から離れていく。こんな事例は枚挙《まいきょ》に暇《いとま》がない。

だからこそ、高い志をもって働くすべての人にお願いしたい。いつか、しかるべき立場にたったとき、こうした状況になる可能性があるという点を、事前にしっかりと頭に入れておく。そのうえで、どうすれば、こうした事態を回避できるか、準備する作業に取りかかる。志が空回りで終わらぬよう、チームリーダーや指導的立場に指名される前の段階で、十分な対策を講じるという姿勢をもつことが必要とされているのである。

よきリーダーとなるために「ダメ上司・管理職」の類型を反面教師にする

ここでは、すぐに行動に起こせる極めて有効な対策を紹介する。それは、「ダメ上司・管理職」の類型を反面教師にして、自分が目指すべき、上司や管理職、チームリーダーとなるための準備に取りかかるという方法だ。

どんなによい素材をもった人であっても、Ａさんの例で示したように、いざ上司あるいはチームリーダーという立場にたつと、いい働きができない状態になるという人がいる。気がつくと、「ダメ上司」化してしまう人もいる。そうなってしまう最も大きな原因は、どんな上司が「ダメ上司」といえるのか、その類型と典型的〝症状〟を理解していない。どんな言動や振る舞いを示すと「ダメ上司」とのレッテルを貼られるのか、理解が不十分なので、自分がそうなっても気づかない。たとえ気づいたとしても、かなり〝症状〟が深刻化して、〝治療〟が困難な状況に陥っているケースもある。

こうした悲劇を避けるには、「ダメ上司・管理職」の類型と典型的〝症状〟、そして防止策をしっかりと脳裏に焼きつける必要がある。

志の実現を目指し、管理職やリーダーとして空回り状態になることを避けたいのであれば、次ページに示した「ダメ上司・管理職の類型」に目を通し、どんな上司になってはいけないのか、具体的イメージの把握に取りかかる。同時に、自身が決して「ダメ上司」状態に陥ることがないよう、防止策にも着実に取り組むことが期待されているのである。

■ダメ上司・管理職の類型

「ダメ上司・管理職」の類型	典型的“症状”	防止策
❶即爆上司	感情のコントロールができない上司。自分の思い通りにいかないことがあると怒りをぶつけてしまい、職員が離れていく上司を指す。	感情をコントロールする技術を身につける。自分の思いが伝わらなかったとき、どうすれば伝わるか、コミュニケーションの方法を工夫する技術の習得に努める。
❷束縛上司	「ソクバク」で❶の上司と読みは同じだが、中身は全く異なる。部下を自分の思い通りに動かすことばかりに気をとられ、自主性、自発性を奪ってしまう上司を指す。	部下や後輩が自分の力を発揮できるよう、“職員エンパワメント”の理論と方法について勉強する。部下や後輩が十分に力を発揮することを困難にしている「エンパワメント阻害要因」を把握し、阻害要因除去に向けた具体的対応策が示せるリーダーになれるよう準備する。
❸無展望上司 	何をやりたいのか、どのような福祉を実現したいのか、具体的な見通しを示せないし、それを示そうとの姿勢を示せない上司。	「自分は何をしたいのか」「どのような福祉を実現したいのか」、方針や展望を明らかにできるリーダーを目指す。そのためには、現在の福祉領域がどのような変化に直面しているか。業界の動きだけでなく、社会を幅広く見渡す。他業種の動向に目配りし、業界の変化を先読みしていく力を身につけることが必要になる。
❹モチベーションブレーカー上司 	いわゆる、部下のモチベーションを粉々に打ち砕く上司。部下の働きに感謝やねぎらうような言動を日常的に示すことはない。給料をもらって働いているのだから、普段業務にねぎらいの言葉などいらないとの姿勢を示す。他方、失敗に対しては過敏に反応し、一方的に批判したり、叱りつけたりする言動を示すなど、モチベーションを奪うような言動を繰り返す。	上司・管理職となる前の現段階から、すべての職種、職階、雇用形態の職員に対して、目配りや心配りを忘れず、大切にしているという気持ちが伝わるような言動を示すよう心がける。常に他の職員の視点から物事を考え、どうすれば「うれしい」と感じるか。どうすればモチベーションの向上につながるか。こういった点を考えながら、接するようにする。
❺品格なき上司	言動、物腰、身だしなみから、上司・管理職としての気品や品格が伝わってこない。自分は親しみを込めているつもりだが、部下からは上から目線、乱暴、品がないようにみえてしまう。遠ざかっていたい存在とみなされてしまう。	常に第三者からみれば、自分自身の日常的な言動、物腰、身だしなみがどうみえるか、どう理解されるか、考えながら行動する。誤解を受けるような態度や仕草があれば、すぐに改善に向けて行動を起こす。
❻朝令暮改上司 	言っていることがころころ変わるのが日常茶飯事。自分の考えが不明確なために、他者からの話を鵜呑みにしやすく、さして検証もせずに、「いい話を聞いたから、これからはこうする」とこれまでとは全く異なるパターンでの業務を指示し、部下を混乱させる。	自分が働く職場の業務改善につながる可能性がある改善策を思いついたとしても、安易に行動に移さない。まずは本当に有効なのか検証する姿勢を身につける。実効性の高さを確認したうえで、改善策を同僚や後輩、先輩などに紹介する。以前、同僚や後輩に示した提案や意見などについて、万が一、短期間で改めなければならない状況が生じた場合は、なぜ変更するのか、理由を丹念に説明するとの姿勢を身につける。

ここが重要！

「よき上司」「よきリーダー」となるために留意すべきポイント

- プロとして最も恥ずべきは、志なく働くこと。何を成し遂げるために働くのか、明確な志をもつことがリーダーとなる人の必須要件となる。
- 志がないまま働くと現状に流されるだけの人になる。やりがいが実感できない人になる。
- 志は空回りするために抱くのではない。実現させるために抱くのだ。では、どうすれば志が実現できるか、その具体的方法を考える人になる。
- 志をもっているから（やる気があるから）といって、即座によいリーダーになれるとは限らない。
- 誰もが油断すると「ダメ上司」になりうる。「私は絶対、ああならないだろう」と高《たか》を括《くく》るのが一番恐い。
- 「よき上司」「よきリーダー」は、感情のコントロールがうまい。部下がその力を発揮できるようにエンパワメントする。これから福祉の世界がどうなっていくか、明確な展望をもち、常に部下のモチベーション向上に貢献する。品格ある物腰で、常に根拠のある慎重な発言を心がける。

うまくいかないことに向き合い教訓を学ぶ

第06章 失敗を直視し、糧《かて》にする組織風土をつくりあげる

飛躍を遂げる職業人の思考・行動特性

どこの業界であろうとも、職業人として輝きを放っている人には共通の思考・行動特性がある。好奇心旺盛、あくなき向上心、卓越したコミュニケーション能力、チャレンジ精神など、数多くの特性をあげることができるが、私が最も注目するのは、失敗への向き合い方だ。自分としては一生懸命取り組んだのだが、結果的に「うまくいかなかったこと」への姿勢である。

職業人として飛躍を遂げる人たちは、失敗を糧にするとの姿勢を貫く。業務に携わるなかで、「失敗だった」「誤りであった」「不適切であった」といったことがあった場合、言い訳を並べ立て自己保身を図ろうとはしない。他人のせいにするような言動も示さない。誠実な姿勢で失敗を直視し、〝苦い経験〟から教訓を学ぼうとする。職業人として恥ずべきは、失敗してしまうことではない。失敗

から目をそらし、教訓を学ぼうとしない姿勢こそ、恥ずべきであるとの見解を示す。

飛躍を遂げられない職業人の思考・行動特性

職業人として飛躍を遂げられない人は、極めて対照的な思考・行動特性を示す。明らかに自分に落ち度があり、それが原因で生じた失敗であっても、決して認めようとしない。典型例は次のようなケースだ。

＊　＊

朝のミーティングで、職員A氏は利用者B氏の見守りをすることになっていた。しかし、今日はふらつきがいつもほどひどくないからと自己判断し、見守りを怠ってしまう。そして、目を離していたときに、B氏は転倒しケガをするという事故が発生する。原因は勝手な判断で利用者から目を離してしまったことにあるのに、自分の落ち度を認めようとしない。上司から「落ち度がないというのなら、その時間、利用者から目を離して何をしていたのか教えてください」と説明を求められると、「私だけの責任にしようとしている」と声を荒げ逆ギレ状態になる。「これはいじめだ」「明らかなパワハラだ」と詰め寄ってくる始末。上司としては、もはやお手上げの状態になってしまった。

＊　＊

逆ギレ状態になった人への対応は容易ではない。職責面では上の立場にある上司であってもたじたじになりやすい。正式な形で、パワハラとの申し立てがなされた場合、事実無根であっても、嫌疑を晴らすには多大な時間と労力が必要となる。そのため、「今回はここまででいいだろう」と事態の幕引きを図ろうとする姿勢をみせるようになる。

ただし、その代償は限りなく大きい。ミスを認めなかった職員は、また同じような失敗をしでかしても、〝逆襲〟すれば勝てるという誤った教訓を学習する。非を認めさえしなければ、逃げおおせられるとの自信を深めてしまう。その結果、何のためらいもなく、堂々と同じような失敗を繰り返すようになる。

こうした状況は他の職員にもマイナスの影響をおよぼす。「何だ。あの職員のあんな態度が許されるのならば、まじめに働くのはばかばかしい」との気持ちを強く抱くようになる。だったら自分も、同じような姿勢で働いてもいいんだと思い込むようになる。その結果、職場は、失敗を認めないし、失敗をもたらすような働き方を改めようとしない職員が雪だるま式に増える事態となってしまう。業務レベルの低下が止まらなくなり、目も当てられないほどの低空飛行状態に陥ってしまうのである。

失敗や落ち度を認める姿勢が身につく職場とするために取り組むべきこと

さて、あなたの職場はどうだろうか。明らかに失敗といえるような行為、あるいは不適切といえるような言動を示したのに、それを頑として認めようとしない職員がいないだろうか。自分の落ち度を認めず、何度も同じ失敗（誤った言動）を繰り返す職員がいないだろうか。

もし、職場内にこうした姿勢をみせる職員がいるとすれば、すぐさま、行動を起こさなければならない。先輩あるいは上司として働く誰かが、「失敗から目をそらさず、糧にする」職員育成に向けて、確かな一歩を踏み出さなければならない。放置すれば、失敗や誤りといえる言動がエスカレートする可能性が高くなる。権利侵害や虐待行為へと発展してしまうケースもある。

では、どうすればいいか。どのような対応が必要となるか。いの一番に着手すべきは、組織全体での取り組みだ。職場内研修を開催し、失敗に対して、どのような姿勢や態度を示すべきか、共通認識を確認する機会を設ける。研修の場では、次のような点について、理解を共有するよう働きかける。

・職業人として飛躍を遂げるためには、失敗から教訓を学ぶという姿勢が必要である。
・「失敗した」「うまくいかなかった」「明らかにミスだ」といえる事態が生じたときには、目をそらしたり、逃げの姿勢を示したりするのではなく、真摯かつ誠意ある姿勢で向き合う。
・「失敗した」「うまくいかなかった」「明らかにミスだ」という出来事があった場合（例えば、利用者への対応でつい不適切な言動におよんでしまった、「もの盗られ妄想」「帰宅願望」「不潔行為」や同じことを何度も確認するような言動を示す利用者に対して、きつい口調の対応をしてしまったなどといった出来事があった場合）は、口頭報告にとどまるのではなく、書面で記録に残し職場全体で共有できるようにする。その際には、同じような失敗や誤りを繰り返さないための手立てても提示し、改善に向けて職場全体で一致協力できるようにする。具体的には、次の点を網羅した記録を残すことを共通認識とする。

① いつ（何時何分）
② どこで（場所の特定）
③ どのような状況のなかで（利用者への働きかけのなかでミスや不適切といえる事態が生じた場合は、「誰が誰に対して、どのような状況のなかで」を明記する）
④ どのような事態が生じたのか（どのような出来事があったのか）。
⑤ その事態に対して、どのような対応を行い、現時点ではどのような状況になっているのか。
⑥ 一連の出来事が生じてしまった原因は、何が考えられるか（想定できる原因を列挙する）。
⑦ 原因を踏まえたうえで、二度と同じような事態が生じないように改善計画を立案する。
⑧ 立案後、行動に移し、どのような成果があがったか明記する。

失敗に向き合えない職員への対応

このような学びの機会をもったあとに、万が一、明らかに「うまくいかなかったこと」「失態といえること」「不適切な言動といえること」があったにもかかわらず、報告せずに放置している職員がいることが確認できた場合は、次のような手順と方法で、当該職員と向き合うようにする。

① なるべく早い機会に、当該職員との面談の場を設ける。

② 面談の際には、威圧的、威嚇《いかく》的姿勢、叱責的言動は決して示さないようにする（責め立てるような姿勢をみせると、本人が心を閉ざしてしまい事実関係が把握できなくなる）。

③ 面談の場では、どのような事態が発生したのか、本人の口から語ってもらう（当該職員の観点からみた事実関係の確認を行う。すなわち、何が、どのような状況のなかで起こり、どのような事態を招いたのか、などといった点を確認する）。

④ 本人が語った事柄が、事前に把握した内容と異なる場合は、相違点があることを率直に伝える（ただし、上司や先輩職員である自分の理解が誤っているケースがあるので、相違点を指摘する際には、断言するような態度ではなく、「もしかすると、私の理解が間違っている場合があるので、その場合はどこが間違っているのか、遠慮なく指摘してください」と前置きしたうえで、自らの見解を示すようにする）。

⑤ 事実関係が明らかになり、本人が失敗あるいは不適切な言動を認めた場合は、何が原因となったのか、同じような事態が発生しないようにするための対応策を一緒に考える。

⑥ 自らの落ち度が明らかになったのに、それを認めようとしない場合は、毅然たる態度で、何が不適切なのか、本人が理解できるよう根拠を示しながら指摘する。

こうした取り組みと同時に、上司や先輩の立場にある人が、必ず着手しなければならないことがある。それは、何がミスや落ち度を認められない状況に職員を追い込んでいるのか、原因を把握し、適切な対応策をとるという取り組みだ。

なぜ、この取り組みが必要なのか。失敗といえる出来事を適切な方法で振り返ったり、報告したりできない原因（自らの非を認められない原因）は、一〇〇パーセント本人にあるとは限らない。実際には、次の2点が大きな原因になっている場合があるからだ。

一つは、望ましい業務の手順や方法、利用者との接し方に関するルールが不明確なケースだ。どのようなルールを守るべきか示されていないことが、失敗が認められない原因になっているケースである。

もう一つは、職員間の人間関係がギスギスしており、信頼関係が成り立っていないことが原因となっているケースである。「私は職場のなかで認められていないんじゃないか」との不安感が自己防衛的な姿勢に追い込んでいく。「できていないことをできていないと認めると、厳しい批判を受けるのではないか」「うまくできず、ミスをしてしまうようなことがあった場合、冷たい視線にさらされるのではないか」。そんな思いが、失敗を包み隠し、誤りを認めない姿勢に追い込んでしまう。

原因が守るべきルールがあいまい、あるいは、不在という点にある場合は、ルールの明文化の作業に取りかかるようにする。その際には、最新の福祉理念や倫理基準、行動規範を参考にしなければならない。しかし、あまりにも複雑あるいは数が多くなると、拒否反応を示されるケースがあるので、ルールはコンパクトにまとめるよう工夫する。社会福祉の世界で働く職業人として遵守すべき基本姿勢（例えば言葉遣い、態度、姿勢、身だしなみ、感情のコントロール、支援・介護・保育の際の留意点など）に絞り込んだものにしてもよい。大切なのは、ルールの明示後は必ず遵守徹底を呼びかけることだ。万が一、ルールに則さぬ言動などがみられた場合は即座に行動を起こす。

例えば、「利用者に対して常に敬意ある姿勢で接する」というルールに反する言動を示したのに、本人がそれを誤った言動として認めず、記録に残していない場合は、当該職員に対して不適切な言動があったとの事実を伝える。

本人が「自分は誤った行為をしていない」と言い張る場合は、あらかじめ示していた共有のルールを提示し、このルールに基づく言動ができていたといえるのか、振り返りを求める。それでも、「ルールを守った言動ができていると思う」との主張がある場合は、「できていると思う」ではプロとしては、不十分。共に働く職員からみても、「できている」状態になることが必要だと伝える。そのうえで、どのような言動をすべきか、再確認する。自分の言動を振り返るときには、同僚、利用者、家族などを含めた他者視点で捉え直すことが大切である。複眼的な視点で、自己を振り返れば、改めるべきところが捉えやすくなるとアドバイスする。こうした取り組みを通して、失敗や誤りを直視し、そこから教訓を学ぶ。行動を改める姿勢が身につけられるよう、サポートしていく。

人間関係がギスギスしていることが、失敗が認められない状況を生み出している場合は、どうすればいいだろうか。その場合は、関係修復に向けた取り組み、あるいは、信頼関係構築に向けた取り組みが最優先事項となる。お互いの働きを認め合い、ねぎらい合う職場環境づくりが喫緊の課題となる。そのための取り組みは他者から始まることはない。その必要性に気づいた自分から始まる。

まずは、自分が率先垂範して、他の職員の働きを認め、ねぎらう言動を示し始める。声に出して、認める気持ちが伝わるようにする。ねぎらいの言葉をしっかりとかける。直接、声をかける機会がない場合は、「Aさんに関する件、確かに承りました。いつもありがとうございます」と書いたメモを残し、感謝とねぎらいの気持ちを伝えるようにする。こうした努力の積み重ねが、失敗を謙虚かつ素直に認められる組織風土の醸成につながるのである。

ここが重要！

失敗を糧にする組織風土醸成のポイント

- うまくいかなかったことを恥だと捉えない。うまくいかなかったことがあるのに、直視しない姿勢や隠してしまう姿勢をみせることが、職業人として恥ずべきことだという点を忘れないようにする。
- うまくいかなかった点を直視してもらうために、何をすれば適切だとみなされるのか、何をすれば不適切だとみなされるのか、見極めるためのルールが必要となる。
- ミスや失敗が生じた場合はまず、何がどのような状況で発生したのか、適切な方法で記録を残すようにする。そのうえで、事実の検証と原因分析の作業、さらには再発防止策の策定に取りかかる。
- ミスや失敗を報告しなかった人には速やかに面談の場を設ける。事実関係を確認し、本人と一緒に原因分析・再発防止策の策定に取りかかる。
- ミスや失敗を報告しやすくするために、職員が遵守すべきルールの明文化を図る。
- 職場内の人間関係の悪さが、ミスや失敗を報告しづらい状況を生み出している場合は、お互いに認め合い、ねぎらい合う職場環境の構築に向けて行動を起こす。他の職員に対する感謝とねぎらいの気持ちを相手に伝わるようコミュニケーション方法を工夫する。

耳が痛い意見を受け容れ、言うべきときに言える人になる

第07章 建設的批判受容力と建設的批判呈示力を身につける

建設的批判の重要さを確認せよ

先日、福祉関連事業所で管理職として働く人を対象とした研修会に講師として招かれたときのことだ。参加者から「福祉の職場で働く職員には、どのような力を身につけることが必要だと思いますか」との質問を受けた。

実は、この種の質問を受けたのは、これがはじめてではない。人財育成に携わる管理職を対象とした研修の場では、頻繁に耳にする質問である。そのたびに私はこう答える。

「習得すべき力は数多くありますが、特に重要なのは、建設的批判受容力と建設的批判呈示力の二つです」

ここでいう〝建設的批判〟とは、声を荒らげて相手の欠点を指摘したり責め立てたりするとの意

味ではない。誰かに非難を浴びせ窮地に追い込むとの意味でもない。職場をよりよき方向に導くために、現状をチェックし、問題点や課題に気づいた場合には、冷静沈着かつ毅然たる態度で指摘するプロフェッショナルな行為を指す。

建設的批判受容力とは「耳が痛い意見」を受け容れる力を指す

〝建設的批判〟の意味がわかれば、準備万端である。建設的批判受容力の意味は容易に理解できる。それは、**職場をよりよき方向に導くために、他の職員が勇気をもって呈してくれた苦言に真摯な態度で耳を傾ける力**を指す。そして、**その結果、改めるべき点が確認できた場合は、誠意をもって提案を受けとめ、重要な指摘をしてくれた提案者とともに、解決に向けて行動を起こしていく力**を指す。

例えば、多くの職員が「問題ない」と思って行っている日々の業務に対して、ある職員が「現在の業務の進め方は適切ではない」と問題提起したとしよう。建設的批判受容力を有する人は、「余計なことを言う」「改善なんて面倒だから嫌だ」と消極的かつ後ろ向きの受けとめ方はしない。真摯な態度で発言に耳を傾ける。たとえ耳が痛い話であったとしても、職場をよりよきものにするための指摘であることが確認できた場合は、即座にその主張を受け容れ、協力する姿勢を示す。

建設的批判呈示力とは〝耳が痛い〟意見をあえて呈示する力を指す

建設的批判呈示力は、**職場をよりよき方向に導くために、問題点や課題を毅然たる態度で指摘す**

る力である。職場が誤った業務手順や方法に陥っている場合、その事実を勇気をもって指摘し、改めるよう働きかける力を指す。

　高邁な理想を掲げ、着実に実現させていく秀逸な職業人は、どこの業界でも同じだ。たとえ多くの人が「長年こうしていたんだから、これでいいじゃないか」と思って行っている業務であっても、「本当にこれでいいのか」「改めるべき点があるのではないか」といった視点から、点検するプロフェッショナルな姿勢を示す。問題点、改善点、課題などが明らかになった場合、たとえ他の多くの職員にとって〝耳が痛い〟指摘であっても、ためらいはしない。これまでの業務手順や方法などを見直し、改めていくよう声をあげる。建設的な視点から、業務改善を図っていくとの姿勢を示す。

　その際の言動は、冷静沈着を心がける。頭ごなしに叱りつけたり、怒鳴り散らしたりするような態度は一切示さない。聞き手のプライドを傷つけぬよう落ち着いた口調で問題点や課題を指摘する。

　今、自分が指摘する事柄に関して、「なぜそれが問題だといえるのか」「なぜ改善すべきだと主張するのか」、その理由（根拠）について、懇切丁寧に説明する。単に主観で主張しているのではなく、理論的あるいは科学的な根拠を示しなが

ら、改善の必要性を説いていく。問題点をそのままにしておくと、どのような事態が発生するのか。どのような不利益が利用者に生じる恐れがあるのか。聞き手が危機意識を共有できるよう、「このままではいけないんだ」との思いが共有できるような形で説明を加える。

そのうえで、「改善実行に向けては、あなたの力が必要なんです」「ぜひ、あなたの力を貸してください」と謙虚な姿勢で協力を働きかける姿勢を貫く。これは聞き手から拒否反応を受けないようにするための工夫でもある。

改善への提案を耳にするとき、人は正論だからといって必ずしも、諸手をあげて賛成との態度を示すとは限らない。改善が必要となると、慣れ親しんだ業務パターンの見直しが求められる。一時的に負担が増える形になるので、心の奥底から、「何だか大変だな」「嫌だな」との抵抗感が湧きあがってくる場合がある。これを軽減するのが、謙虚な依頼姿勢だ。上から目線で改善を要求されると、反発を受けやすくなるが、相手に頭を下げながら懇願されると、抵抗感を露わにしづらくなる。受けとめてもらえる可能性が高くなるのである。

建設的批判を提示する二つの場面

建設的な批判を呈示する場面は、二つに大別できる。一つは、職場全体あるいは各部署で行われる会議の場だ。正式な会議の場で、これまでの業務を見直し、改めていくよう訴えるケースだ。

もう一つは、しかるべき立場の職員が他の職員に対して、一対一の形で建設的批判を呈示するケースだ。例えば、認知症の高齢者に対して、不適切な態度で接している職員がいる場合を考えてみよう。もし上司や先輩という立場にある人が、この事実に気づいた場合、見て見ぬふりは許されない。事実関係をしっかりと確認したうえで、「私たちの職場ではそのような接し方は許されません」と毅然たる姿勢で指摘しなければならない。

指摘に対して本人が「今までこのやり方でやってきた。なぜ、今頃になっていけないというのか、理解できない」と反論してきた場合は、なぜ注意するのか、なぜ許されないのか、丁寧な説明を心がける。一度で理解してもらえない場合は、納得が得られるまで、繰り返し説明する。最終的に行動が改められるまで、働きかける。建設的批判を呈示する際に留意すべき重要なポイントはまさにここにある。単に問題点や課題の呈示に終始するのではなく、問題点が解決されるまで、あるいは課題が達成されるまで、責任をもって丹念にフォローしていく。そんな忍耐強い姿勢が求められているのである。

なぜ、「建設的批判受容力」「建設的批判呈示力」に磨きをかけることが必要なのか

さて、ここで確認しよう。なぜ、私は「建設的批判受容力」と「建設的批判呈示力」を福祉職員が身につけるべき力だと、ことさらに強調するようになったのか。

理由は極めてシンプルだ。これまで私は、長年にわたり、全国津々浦々、さまざまな福祉職場を訪ね、業務改善のアドバイスをしてきた。そのなかで、次に示す重要な事実に気づいたからだ。

業務レベルが低迷状態にある福祉事業所では、誤った業務手順や方法を声に出して指摘する職員

がほとんどいない。勇気をもって指摘する職員がいたとしても、他の多くの職員から、職場の和を乱す不心得者だとの扱いを受ける。「最新の福祉観や介護観からすれば、こうした排泄ケアの方法は明らかに不適切なので、改めてみませんか」との建設的な意見なのに、他の職員からは冷たい視線を浴びるだけ。協力者が現れず、職場のなかですっかり浮いてしまう。こうした職場の状況が、業務レベルを低迷状態に陥らせる大きな原因の一つとなっている。利用者本位サービス実現を妨げる大きな壁になっているのである。

業務レベルが高く、常に改善に向けて努力している職場は、対照的な特徴を示す。これまで慣れ親しんだ業務手順や方法であっても、最新の介護観や福祉観からすれば適切ではないと判断できるとき、遠慮なく声をあげることができる。これまでの業務手順や方法を大幅に見直さなければならない厳しい指摘であっても、前向きな姿勢で受けとめる度量の広さをもつ職員が圧倒的に多い。そんな組織風土（組織文化）が職場全体に浸透している。

職員個々に対する苦言や批判の声に対しても同様だ。「自分を大切にしてくれているから、あえて苦言を呈してくれるのだ」「職員として必要な人材とみてくれているから、あえて批判的なコメントを寄せてくれるのだ」といった受けとめ方をする職員が多い。こうした捉え方をするのが、組織風土という形で組織全体に浸透している。批判的言動や苦言は、「こうすればもっとすばらしい職員に成長するよ」という**応援のメッセージ**だとの捉え方がなされている。「せっかくすばらしい才能をもっているのに、そのままでは利用者からの期待を裏切る職員になってしまいますよ！」と警告を発する行為であるという前向きな受け取り方がなされている。

長年にわたる実践現場指導の経験のなかで、建設的な意見や批判を呈示できる雰囲気にあるか、そして、勇気をもって述べた批判や意見を前向きに受けとめる組織風土ができあがっているかが、組織の発展と一人ひとりの職員の成長を左右する大きな要因になっているという重要な事実に気づいたこと。これが、建設的批判受容力と建設的批判呈示力の大切さを声高に訴える大きな理由である。

習得に向けて取り組むべきこと

では、どうすれば二つの力を身につけた職員となれるのだろうか。ここでは、とっておきの方法を紹介する。

ここで紹介する方法は、職場全体で取り組めば効果絶大である。しかし、現実的にはそれが困難な職場も数多くあろう。その場合は、まずは読者であるあなたから、ぜひ行動を起こしてほしい。一人よき手本をみせる人がいれば、たとえ時間がかかろうとも、ついてくる職員が現れるからだ。一人のプロ意識あふれる職員の存在こそが、他の職員をよりよき方向に導く原動力となるからである。

建設的批判受容力を身につけるために取り組むべきこと

・まずは建設的批判の意味とその重要性を確認する（建設的批判に対するポジティブな姿勢および見解を共有する）。

・どんなに一生懸命努力しながら働いていたとしても、人も組織も完璧ではない。うまくできていないことに対して、批判や苦言を受けることはあるという考え方をする。

・自分自身が日頃行っている業務に対して、あるいは職場全体に対して、業務の見直しを指摘する職員がいる場合、虚心坦懐に本人の主張に耳を傾けるよう努める。

・的を射た指摘をしてくれた人に対して、感謝とねぎらいの気持ちを伝える。勇気をもって指摘してくれたことを歓迎するとの思いを伝える。

・建設的批判を受けとめ、職場の現状を点検した結果、問題や修正すべき点があることが確認できた場合は、提案者と共に、改善に向けて行動を起こすとの姿勢を示す。

・事実誤認によって批判がなされた場合は、冷静な態度で、誤認であると説明する。

・十分な説明を伴わない批判であったり、根拠が不明確な批判であったりする場合は、よりわかりやすく説明するよう、本人に依頼する（問題点や課題を箇条書きで示してもらい、問題点それぞれについて、なぜ問題だといえるのか、その根拠を書いてきてもらうようお願いする）。

・建設的な批判の声をあげる職員に対して、「余計なことを言う」と後ろ向き、かつ否定的な態度を示す職員がいる場合、態度を改めるよう働きかける（立場上、態度を改めるよう訴えるのが難しい場合は、しかるべき立場の職員に協力を依頼する）。

建設的批判呈示力を身につけるために取り組むべきこと

・職場をよくするために問題点や課題を指摘し、改めるよう声をあげるのは、プロとして当然の行為であるという点を肝に銘じる。

・冷静沈着な態度で、話すよう心がける（感情的、威圧的、叱責的な話し方をしない）。
・人格批判と受けとめられるような話し方は絶対にしない。
・どのような段取りで意見を述べるのか事前に準備する。
・なぜ建設的批判をするのか、他の職員が納得できるよう、丁寧な説明を心がける（例えば、利用者に対して不適切な接遇をする職員に向かって苦言を呈する場合、「せっかくすばらしい才能をもっているのに、先ほどのような態度で利用者に接すると、軽んじるような態度で接していると誤解される可能性があるから改めた方がいいですよ」と説明する）。
・改善点や問題点を指摘したあとには、「一緒に問題解決に向けて行動を起こしましょう」「ぜひ力を貸してください」と謙虚に働きかける姿勢を示す。

久田が説く

ここが重要！

建設的批判受容力、建設的批判呈示力が発揮できる職業人となるためのポイント

- 他者からの厳しい指摘を受け容れない組織は業務レベルが低空飛行状態に陥りやすくなる。
- 他者からの厳しい指摘を受けとめられない人は、職業人として飛躍を遂げることはできない。
- 建設的批判とは、一方的かつ超主観的視点から、改善すべき点や問題点などをあげつらうことではない。もっとよい支援、介護、保育サービスを実現するために、課題、問題、改善点となっているところを、理論的・科学的根拠を示しながら指摘するという取り組みを指す。
- 他者から寄せられる耳が痛い意見は、自己の成長や職場のレベルアップにつながる応援のメッセージであるという捉え方をする。
- 耳に痛いものであるが、的確な指摘をしてくれた人に対しては、感謝とねぎらいの気持ちを伝える。常に苦言を前向きに受けとめる姿勢を示す。
- 建設的批判を行うときには、聞き手を説得するとの姿勢ではなく、納得できるように話すとの姿勢で取り組むようにする。「なぜそれが問題だといえるのか」「なぜ改善すべきだと主張するのか」、その理由（根拠）について、相手が理解できるよう工夫しながら、懇切丁寧に説明する。

今、そこにある危険な実態を看過する人にならない

第08章

「怒り」や「憤り」が現状打破への意欲をかき立てる原動力となる

怒らない生き方がブームに

どのような生き方をするか。これは、どんな時代に生きようとも、すべての人にとって大切な永遠のテーマである。書店に行けば必ずといっていいほど、生き方を説く本が並べられたコーナーがある。この種の本にもブームがあり、ここ数年大きなヒットを飛ばしているのが、〝怒らない〟生き方を説く本だ。心穏やかに過ごすための方法を記した本である。

ブームになる理由は、中身を読めばすぐにわかる。怒りが自分自身や周りの人にどれくらいマイナスの影響を与えるか、わかりやすく丁寧に記されている。「そうだ、そのとおりだ」とうなずきながら読める。〝怒らない〟生き方をするためのヒントも満載。よりよき人生を目指す人にとって、文字通り、必読の良書が多い。

怒りに支配されない生き方をする。怒りをうまくコントロールできるようになるのは、どの業界で働く人にとっても、どのような職階にいる人にとっても、必須のスキルである。この点について、異を唱える人はおそらく皆無であろう。

「怒り」が改革の原動力となることがある

ただし、気をつけなければならない点がある。何かに対して、怒りの感情を抱くことが、悪影響しかもたらさないとの捉え方が、必ずしも正しいとは限らない。よりよき社会、よりよき制度、よりよき組織をつくりあげていくためには、怒りのエネルギーが必要とされるケースがある。

これは、人類の歴史をみれば一目瞭然である。社会の発展や改革に大きく貢献したのは一人ひとりの国民（住民、市民）が心に抱いた「もう我慢できない」「この状況は許せない」という怒りの感情だ。怒りが変革に向けた行動を生み、不可能だと思われていた変革を現実のものとしてきた。

怒りの感情は、福祉サービスをよりよきものへと導く原動力ともなっている。その例として、知的障害者福祉領域で起こった出来事を紹介しよう。

今は福祉先進国といわれている北欧でも、知的障害者を隔離の対象とする〝暗黒の時代〟があった。在宅で家族によるケアが困難になった障害者は、地域社会から遠く離れた大規模収容型施設に住まわせ隔離するとの施策がとられていたのだ。

この状態を覆すきっかけとなったのが、いまから六〇年ほど前のことだ。デンマークの知的障害者親の会のメンバーが怒りの声をあげた。「大規模収容型施設の中で非人道的な扱いを受けているわが子を救済してほしい」「大規模収容型施設への隔離を廃止せよ」との声をあげはじめたのである。

彼らの声は、社会福祉専門職はいうにおよばず、自治体職員、政治家、国民の心に届いた。怒りが社会全体で共有され、誕生したのが、ノーマライゼーションの思想であり、それに基づく福祉制度だ。支援が必要な人を隔離し、プライバシーがない空間のなかでとても人道的とはいえない生活を強要する大規模収容型施設の施策が廃止されることになった。地域社会のなかで個別のニード、意思・希望等に基づく十分な支援を受けながら、質の高い生活が維持できるようにするコミュニティ・ケア政策への移行が実現したのである。

デンマークに追随し、ノーマライゼーションの実現に向けて行動を起こした他のヨーロッパ諸国も同様だ。例えば、私が大学院博士課程留学のために三年間過ごした英国では、一九七〇年代初頭に、大規模収容型施設中心主義から、地域在住型のコミュニティ・ケア政策へと大きく舵を切ることとなった。そのきっかけとなったのが、国民の怒りである。当時、家庭でのケアが困難となった知的障害者の多くが、大規模収容型施設での生活を余儀なくされていたのだが、施設内部の生活環境が劣悪であるとの事実がマスコミや国内の研究者、福祉関係者などによって暴露された。その事実に対して、国民が怒りの声をあげ、施策の大幅な転換が実現されたのである。大規模収容型施設を閉鎖する脱施設策と、地域での豊かな暮らしを保障するコミュニティ・ケア政策が展開されていったのである。

あえて、こう主張しよう！　わが国の福祉職も怒りを原動力とする姿勢が必要

だからこそ、声を大にして訴えたい。わが国の社会福祉を真の意味で利用者本位サービスへと導くためには、怒りをパワーにして自らを奮い立たせ、行動を起こす人の存在が不可欠となる。

具体的にいえば、目の前にある不十分かつ不適切な実態から目をそらさない人。倫理的にみれば、「これではいけない」との事実がある場合、「こんな状態を放置することは許されない！」との思いを強くすることができる人。道義にもとる行為を看過しないとの強い姿勢を示せる人。義憤を原動力としてよりよき支援の実現に向けて行動できる人。こうした姿勢を示せる人が今、福祉の世界でも必要とされているのだ。そのキーパーソンは他でもない。社会福祉の現場で働く職員一人ひとりだ。相談員、支援員、介護職員、ケアマネジャー、ナース等という立場で働く専門職のみなさんである。

怒りや義憤の感情の示し方に注意する

とはいえ、単に怒りの感情を抱くだけでは不十分だ。正義感から生じる怒りの感情は扱い方を誤

ると暴走し、犯人捜しや個人攻撃に走るだけに終始し、事態を悪化させる場合がある。そうならぬよう、何のために怒りを抱くのか、さらには、どのような形で怒りをコントロールするのか、そのスキルをしっかりと身につける必要がある。

利用者本位サービスの実現を目指す福祉専門職が抱くのは、難題解決を目指すための怒りだ。事態を悪化させたり、混乱させたりするためではない。福祉のプロとして「何としてでも社会正義を実現するんだ！」「利用者本位サービスを実現するんだ！」と自らを奮い立たせるために抱くものである。この点を絶対に忘れてはならない。

例えば、あなたの職場に利用者に対して上から目線の不適切な言葉遣いをしている後輩や部下がいる場合どうするか。怒りにまかせて注意をすると、相手は心を閉ざしたり、反発したりするだけである。人間関係が悪くなるばかりで事態の改善は望めない。大切なのは、何がその職員をそういう言動をする姿勢に追いやってしまったのか、沈着冷静に原因を突きとめる作業に取りかかることである。そして原因が明らかになったら、即座に、解決に向けた方策を立案し実行に移す。そんな取り組みが求められているのである。

怒りをよりよきケアの原動力とするために取り組むべきこと

それでは、早速、取りかかろう。怒りをうまくコントロールし、社会正義の実現、利用者本位サービスの実現に結びつけるための行動にチャレンジしよう。やり方は極めてシンプルである。次のステップにしたがって、冷静かつ着実に行動を起こしていく。

第一ステップとして取り組まなければならないのは、**利用者本位サービスの実現に取り組むプロとして、どんな現状に対して怒りを感じるのか、確認する作業**である。「この点は何とかしなければ！」とあなたに強い思いを抱かせることを列挙する作業である。

この段階では思いついたものを、順不同に書き出すといった取り組みでOK。深く考える必要はない。「これはいけない！」「何とかしなければ！」と思う事柄をノートに書き出したり、付箋紙に書いて机の上に貼り出したりするなどといった作業に取りかかる。直接介護・直接支援の現場でこの作業を行えば、おそらく次のようなものがあがってくるだろう。

・利用者に対して不遜な態度・言動で接する職員が複数名いるのに、彼らに十分な指導がなされていない。

・利用者に対してどのようなケアプラン（個別支援計画）が立てられているのか、頭に入れずに働いている職員がいる。

・専門的な知識が不十分なために、行動障害のある利用者に対して権利侵害と指摘されかねないような対応が職場内に見受けられる。

・職種間に相手の専門性や役割を認め合い、尊重し合うという雰囲気がなく対立状態になっている。

怒りや憤りを感じることの列挙が完了したら、第二ステップに着手する。**列挙したもののなかから、解決に向けて取り組む問題を絞り込む作業**に取りかかる。その際には、単年度あるいは比較的短い期間で解決可能なものを優先的に選ぶようにする。理由はほかでもない。問題解決に取り組み「無事、解決した」との経験を積み重ねることが、プロとしての自信構築と力につながっていくからである。より大きな課題の克服に立ち向かう勇気を手に入れることにつながるからである。

第三ステップは、**「怒りや憤りを感じること」がどうして生じてしまったのか、原因を明らかにする作業**だ。**何が不適切な事態を生じさせているのか、原因をつまびらかにする作業**である。

第四ステップは、**原因をふまえたうえで、具体的な解決策をつくりあげる作業**。その際には、いつから、いつまでに、どのような手順や方法で問題の解決を図るのか、誰がみてもすぐに理解できるわかりやすい解決策を作成する。

第五ステップは、**計画に基づく行動を開始すること**である。

第六ステップは**進捗状況の点検**である。点検の結果、問題が解決の方向に向かっていない場合は、第三ステップに立ち戻る。もう一度原因を精査し、実効性の高い解決策の作成に向けて行動を起こす。

すべてのステップを経て、うまく問題解決が図れた場合は、第一ステップあるいは第二ステップに立ち戻り、次の課題の解決に向けた作業に着手する。

最後にもう一点、重要なポイントをみなさんにお伝えしよう。社会正義と利用者本位サービスの実現を目指すあなたを怒り心頭状態に導く原因が制度の不備である場合は、どのような手立てを講じればいいか。たとえこうした場合であっても、「現場職員だから手に負えない」とあきらめてはいけない。もしあなたが職能団体に属しているのであれば、社会福祉士会や介護福祉士会などの会合で声をあげ、会として改善を自治体や国に訴えるよう協力を要請する。同時に、自分の思いを地方紙や全国紙などの読者コーナーに投書する、という方法がある。最前線の現場で働いているからこそ、気づける問題や課題を、新聞投稿という形で訴えていくという取り組みである。

人財育成に携わる私にとって、とてもうれしく感じるのは、こうした取り組みをしてくれる福祉職員が増えているという点である。さまざまな新聞に目を通すと、福祉職員として働く人の投稿を目にする機会が増えてきた。彼らをそのような行動に駆り立てるものは何か。それは間違いなく、プロとしての「怒り」だ。怒りから生じる熱い想い。「このままじゃいけない。利用者本位サービスの実現に向けて行動を起こさねば」との思いが、社会正義の実現に向けた行動へと彼らを誘うのである。

次に行動を起こすのは、本書の読者であるあなただ。職業人として経験する怒りを原動力として、大きな一歩を踏み出そう。

久田が説く

ここが重要！

「怒り」をサービスの向上に資するためのポイント

- 不適切な事態がある場合、熱い思いをもって、事態を直視するのは福祉専門職の使命である。
- 物事を正しい方向に変えていこうとするとき、怒りがそれを実現する原動力となることがある。
- 職業人として抱く怒りは、社会正義実現に向けた怒りである。よって、その怒りは、コントロールできていなければならない。怒りの感情で心が支配され、感情的な対応におよぶことは決して許されない。怒りを抱いたときこそ、冷静に行動を起こすことが求められる。
- 怒り心頭に発する事態の改善に向けては、まずは何が問題であるのか、問題の特定を行う。なぜそれが問題といえるのか、根拠を明確にする。改善すべき問題であることが明らかになった場合は、原因を探ったうえで、適切な対応策を講じるようにする。
- 解決に当たっては個人プレーに終始するのではなく、適宜、上司、先輩、同僚、後輩、さらには、他の専門職の力も借りるようにする。
- 制度や政策の見直しが必要な場合は、解決に向けてソーシャルアクションを起こす。その際には、社会福祉士会や介護福祉士会などの職能団体の力を借りることも視野に入れる。

誰から評価されたいのか見誤らない

第09章

〝いい人〟だと思われたいとの願望がもたらす、恐るべき罠《わな》に気をつけろ！

人は誰もが〝いい人〟だと思われたい願望を抱いている

「あなたは今所属する職場のなかで、周りの人から〝いい人〟だと思われたいですか。それとも、〝嫌な人〟だと思われたいですか」。

もし、今、あなたがこんな質問を投げかけられたら、どう答えるだろうか。おそらく多くの人は、「そりゃあ、どちらかといえば〝いい人〟だと思われたい」と答えるだろう。たとえ「質問の意図は何だろうか？」「何でこんな質問をするんだろうか？」と戸惑いの表情をみせる人であっても、どうしてもイエスかノーで答えなければならないとすれば、〝イエス〟を選ぶに違いない。あえて「いいえ、私は〝いい人〟になんてなりたくありません。そんなの御免被ります」と答える人は、少数にとどまるであろう。

これは至極当然。程度の差こそあれ、人は誰もが、「人からよく思われたい」「人から〝嫌な人〟だと思われたくない」との思いを抱く傾向にあるからだ。職場のなかのある部署、ある部門など、比較的少数の限られた人間集団のなかでは、この思いは一層強くなる。

他の従業員、社員、職員からよくみられるよう努力する。「役に立たない人だ」とのレッテルなど貼られたくないので、任された役割をきちんとやり遂げようとする。言動にも気を遣い、同僚や先輩、後輩などから誤解を受けたり、不評を買ったりしないよう注意する。〝いい人〟だとの評価が定着し、覆ることがないよう努力しようとの心理が無意識のうちに働く。

「〝いい人〟でありたい」との思いは人を暴走させることがある

こうした努力が実を結び、共に働く仲間から、いい評価が得られるようになれば、万々歳。利用者の意思や希望、個別ニードにきめ細かく対応したサービスを提供するすばらしい職業人になれるかといえば、そうなるとは限らない。

「〝いい人〟でありたい」との思いは、職業人としての姿勢の向上、チーム内の信頼関係の向上、チームワークの強化、業務レベルの継続的上昇といった果実を職場内にもたらすことはある。この点は間違いない。他方、「〝いい人〟でありたい」「〝いい人〟だとみられたい」といった思いは、人を誤った方向へ暴走させる場合がある。職場にチームワークの崩壊や業務レベルの低下をもたらすという危険な一面が潜んでいる場合もある。その典型例を一つ紹介しよう。

＊　＊

特別養護老人ホームで介護職員として働き始めたAさん（二八歳、女性）は、入職当初、施設長や介護主任など責任ある立場の職員から「とても〝いい人〟が来てくれた」と歓迎された。利用者に対する接し方が丁寧で、思いやりがある。利用者の思いを大切にするという姿勢が、ちょっとした態度や仕草から伝わってくる。日々の業務姿勢を実際に目にしている主任は、「こういう人が来てくれれば、現場はいい方向に変わる」と高く評価していた。施設長からも、「利用者から喜ばれるのはいうまでもなく、現場にいい刺激を与えてくれる。本当にいい人が来てくれた」と手放しの評価を受けていた。

実は、この老人ホームでは一部のベテラン介護職員が利用者に対して、雑な介護をする。言動も上から目線で、指示口調や命令口調で接するという事態が発生していた。とても利用者本位とはいえない、職員本位の業務姿勢が堂々と行われる状況にあった。その勢力は拡大の一途を辿っており、最近は、悪しき手本をみせるベテラン職員の真似をして、同じような態度を示す職員が急増するとの事態も発生していた。

施設長と主任は危機意識を共有しており、事態の改善に向けて行動は起こしていた。ベテラン職員を個々に呼び出し、何度か注意を試みた。しかし、事態に変化はなかった。表面上は、「すみません」と謝る姿勢をみせるが、態度に変化はない。悪しき業務姿勢が改まることはなかった。

ほとほと困り果てているところに、介護職員としてすばらしいセンスを感じさせてくれるAさんが就職してきた。施設長と主任はAさんの働く姿勢をみる度に、ホッとした気分になった。心が安まるのを実感した。「この職員であれば、大丈夫。一部の悪い手本をみせるベテラン職員のやり方に染まらずに、いいケアを実践してくれる。このまま順調に成長してくれる」。これが施設長と主任の一致した見解であった。

ところが、数年後、Aさんの働く姿勢は一変していた。一つひとつの業務が雑で、危なっかしい。利用者に寄り添った支援ではなく、利用者を意のままに動かそうとする。思うような動きをしてくれない利用者に対しては、力任せで上から目線の対応も辞さない。そんな悪しき業務姿勢を示すようになっていた。

なかでも際立っていたのは、利用者に対する言動である。指示口調、命令口調、禁止語、叱責語を何のためらいもなく使うようになっていた。「ほら早くして」「ダメ、そっちじゃない。こっちに来てって言ってるでしょ」「何やってんのよ、もう!」などといった言動が日常茶飯事となっていた。あまりにひどい言動であり、いつ苦情がよせられても不思議ではない。いつ心理的虐待との通報がなされても不思議ではない。そんな状況に陥っていた。

主任はこれまで何度か注意を試みるが、謙虚に受けとめようとしない。注意に対して、即、「すみません」との言葉はでてくるが、口をとがらせ、納得できないとの態度を堂々と示す。三度目に注意したときには「なぜ、私だけ、注意するんですか。注意するんだったら、他の人にもちゃんと言ってください」と開き直りの姿勢をみせた。主任だけではもはや対応できないということで、施設長に注意してもらうが、結果は同じであった。「私は私なりに一生懸命やっています。どうして私だけ注意するんですか」と逆ギレ状態。「そんなに言うんだったら、施設長が現場に来て介護してください」との発言まで飛び出す始末。態度を改めさせるには至らなかった。

〝いい人〟がなぜ誤った方向に転落してしまうのか

就職時は、すばらしい業務姿勢をみせ、施設長や主任から期待を一身に浴びていたAさんが、なぜ、不適切な業務に手を染める職員に成り果ててしまったのだろうか。「〝いい人〟が来てくれた」と評判の高かったAさんが、なぜ悪しき業務姿勢に陥ってしまったのだろうか。さまざまな原因が複雑に絡んでいるものの、最も大きな原因は明らかであった。**「誰にとって、〝いい人〟にならなければならないのか」「誰にとって頼りになる、安心できるいい職員にならなければならないか」**、見誤ってしまったことにあった。誰から評価される職業人とならねばならないのか、判断ミスを犯した。これが、危うい業務姿勢を示すようになった最大の原因になっていたのである。

とはいえ、Aさんは、はじめから判断を誤っていたわけではなかった。当初は、一人ひとりの利用者にとっていい人になるよう、努力していた。寄り添うケアの実践に努めていた。「利用者から、いい職員が来てくれたと喜んでもらいたい」。そんな思いをもって働く姿勢を示していた。施設長や主任もそんなAさんを高く評価していた。

ところが、同じ部署で働くベテラン職員たちは違った。彼らは、施設長や主任が不適切な働きぶりをすると頭を抱えていた職員たちである。彼らは利用者とかかわる時間を重視した働き方をするAさんのことを、働き始めたときから疎ましく感じていた。本来であれば、ほめられるような態度で働いているAさんであるが、手抜き業務が得意なベテラン職員にとっては、目障りな存在となっていた。自分たちが築きあげた楽な業務パターンを脅かす危険な存在とみなされていたのである。

彼らのAさんに対する行動は迅速であった。利用者のペースを大切にした業務を行おうとするA

さんに、あの手この手で邪魔をしたり、プレッシャーをかけたりする行動を取り始めた。当初は、ちょっとした態度や仕草で、「仕事が遅い」「そんなペースで仕事をやっていたらいつまでも終わらない」とのメッセージを示していたのだが、すぐにエスカレート。直接、口に出して、「何やってんのよ、もう！」「ちょっと〜、それじゃいつまでも終わんないよ」などとの強い言葉を浴びせるようになった。あからさまに不快な表情を示したり、舌打ちをしたりして、プレッシャーをかけるようになった。

ベテラン職員の容赦ない〝攻撃〟にさらされたAさんはひとたまりもなかった。何といっても、彼らは勤務中、同じ空間のなかで一番長く時間を共にする人たちである。彼らに悪くみられたら、安心して働けなくなる。施設長や主任が自分を高く評価していることは知っていたが、長い時間、一緒に過ごすわけではない。日常の業務場面で、ベテラン職員からの攻撃にさらされたとき、管理職から守ってもらえないのは火を見るより明らかであった。そんな状況にあるAさんにとって、選択肢はほとんどなかった。失望して辞めるか、ベテラン職員と戦うか、あるいは、軍門に降り同じような態度や姿勢で働くようになるか。三つの選択肢から、無意識のうちに選んだのは、最悪の選択肢であった。それは、三つ目の軍門に降ること

であった。そうすることによって、Aさんは、悪しき働き方を示すベテラン職員にとって、〝いい人〟の仲間入りを果たすことになった。先輩たちの視点からすれば、自分たちと同じ業務観を共有し、同じような働き方をしてくれる。都合のいい存在となったのである。

このエピソードは決してレアケースではない。残念ながら、福祉の現場では頻繁に目にする光景である。働き始めたときには、利用者にとっての〝いい人〟を目指していたのに、しばらくすると、他の職員にとっての〝いい人〟を志すようになる。この人から〝いい人〟だと思われたいと思う相手が、いい手本をみせる職員であれば自己成長につながる。しかし、このケースは決して多くない。私の経験で言えば、Aさんの例のように悪しき手本をみせる他の職員から〝いい人〟だとみられたいとの思いに駆られるようになるケースが圧倒的に多い。

この思いに駆られると、人は誤ったとんでもない方向へと向かうことになる。悪しき業務姿勢への転落である。利用者本位とは対極にある、職員主導型の業務姿勢に陥ってしまう。

業務レベル低下を招く、誤った〝いい人〟への転落プロセス

では、一体、具体的にどのようなプロセスで誤った方向に転落するのか、悪しき手本をみせる人から〝いい人〟だと思われたい心理に陥っていくのか。そのプロセスは次のように整理できる。

第一のプロセスは、福祉の職場への就職である。この段階では、多くの人は、「利用者のために役に立ちたい」「利用者から喜ばれたい」との思いを抱いている。本人は強く自覚しているとは限らないが、利用者にとっての〝いい人〟を志向する段階である。

第二のプロセスは、「違和感への気づき」である。当初はすべてが素晴らしくみえたが、さまざまな業務を覚えていくうちに、「これは修正すべき」「いつか改善しなければ」と思う事柄に気づき始める。悪しき手本をみせる先輩たちの業務姿勢に疑問を感じる段階である。この段階での違和感は厳密にいえば、抵抗感に近いものである。悪しき手本をみせる先輩から、〝いい人〟だとみられたいとの思いは、この段階ではわきあがってこない。まだ「ああなりたくない」との思いが強い段階である。

第三のプロセスは、「葛藤」である。気づいた違和感をなんとか解消しようと考えるのだが、いい案が浮かばない。問題解決に向けて、自分なりに何とかしようとするが、状況を変えるにはいたらない。そのなかで、葛藤が始まる。「悪しき手本をみせる職員をこのままにしてはいけない」「業務姿勢を変えなければならない」と思うポジティブな自分と、「悪しき手本をみせる職員に盾突くような態度をみせるより、迎合した方が楽ではないか」「余計なことをして職場で波風を立てるよりも、このままでいいのではないか」などと後ろ向きの姿勢を示し始める自分との間での葛藤である。この段階に突入すると、職業人としての軸足が、揺らぎ始める。悪しき方向に傾き始める。利用者やよき手本をみせる職員から〝いい人〟だとみられたいという思いよりも、悪しき手本をみせる職員とうまくやっていきたい、彼らからよくみられたい、〝いい人〟だと思われたいとの思いが強くなる段階である。

第四のプロセスは、「あきらめ」である。自分のなかであれこれ葛藤したが、「もう無理」と改善をあきらめてしまう。悪しき手本をみせる職員に対する抵抗を放棄する。白旗をあげ、軍門に降り始める。彼らから、「よく見られたい」「〝いい人〟だと見られたい」「仲間だとみなされたい」との思いに飲み込まれてしまう。

第五のプロセスは、「悪しき業務の率先垂範」である。自分が、悪しき業務のイニシアチブをとるようになる。当初は、悪しき手本をみせる職員の真似をするだけであったが、次第に行動がエスカレート。今度は、自分が、悪しき手本の旗振り役になる。後輩職員に対して、自分と同じような姿勢で働くよう、プレッシャーをかけるようになる。「私から〝いい人〟だと思われたいのであれば、私がやるように業務を行いなさい。そうでなければ、冷たい態度を示すよ」との姿勢をみせるようになる。相手がプレッシャーに負け、白旗を揚げ、軍門に降るまで容赦ない攻撃を繰り返すようになる。

誤った〝いい人〟の罠から逃れるために取り組むべきこと

こうした転落のプロセスに陥ることを防ぐにはどうすればいいのだろうか。悪しき手本を示す人にとって〝いい人〟になるのではなく、利用者にとって〝いい人〟、利用者本位サービスを推進するすばらしいセンスと実績あふれる職員としての〝いい人〟になるためにはどうすればいいのだろうか。

ここでは、最も有効な方法の一つを紹介しよう。それは、「悪しき職員転落度チェックリスト」（一〇二、一〇三ページ参照）にチャレンジするという取り組みだ。チェックを通して、自分が誰から〝いい人〟だと思われることを望んで働いているかを確認する。

チェック方法は簡単だ。チェック項目に目を通し、「私は、どちらかというと、この傾向がある」というものについては、✓点を入れる。

✓点がつく項目が少なかった人には、朗報を伝えることができる。あなたは、利用者やよき業務を行う職員から〝いい人〟だと思われたいと願う傾向が強い人である。今後も、正しい意味での〝いい人〟であり続ける可能性が高い。業務レベルの向上に貢献できるし、後輩によき手本をみせるという形で人財育成にも貢献することができる。ただし、一つでも✓点がついた場合は、利用者にとっての〝いい人〟ではなく、悪しき業務姿勢に陥っている職員から高い評価を受けたいという罠に陥っている可能性がある。つまり、悪しき職員に転落する可能性はゼロではないので、✓点がついた項目がなくなるよう行動を起こすことを忘れてはならない。

✓点がたくさんついた人には、残念ながら厳しい宣告をしなければならない。あなたは誤った意味での〝いい人〟になる可能性が高い。利用者にとってではなく、悪しき働き方をする職員にとって、〝いい人〟になるという罠に落ちてしまっている可能性が高い。その度合いは、✓点がついた項目が多ければ多いほど、強くなる。

この状態から脱却する手立ては一つしかない。✓点がはずれるよう、行動を改めていく。もし項目①に✓点がついた場合は、すべての職員に対して、いい顔をしようとする姿勢を改める。とはいえ、対決の姿勢を示す必要はない。悪しき業務手順は決して真似しない。たとえ、プレッシャーを受けたとしても、正しいやり方を淡々と続ける。この姿勢を貫くようにする。自分と同じ考えをもつ職員がいる場合は、その人と励まし合い、支え合うようにする。現場にそのような職員がいない場合は、信頼できる上司に相談し、アドバイスを受ける。

項目②「会議の場で、意見を言うことはめったにない」に✓点がついた場合は、次回の会議で、一回だけでもいい。意見あるいは質問をするよう努める。会議中、意思表明をしない習慣がつくと、何が正しいかで行動するのではなく、安易に力のある人のやり方にそった行動パターンをとるようになりやすい。意見を言うためには、勉強することも必要となるし、自分の思いを事前に整理する準備も求められるようになる。こうした取り組みを継続的に行うことによって、何が正しいのかを常に考える職業人になることができる。

項目⑧「これまで後輩や同僚に、注意したり、厳しい指摘をしたことがほとんどない」に✓点がついた場合は、まず、どのような業務態度や姿勢で働くのが正しいのかを再確認する。職場のなかで示されているルールがある場合は、そのルールを確認する。そのうえで、後輩や同僚の業務姿勢や手順等にルール違反がないか、チェックする。違反が確認された場合は、話し合いの場をもつ。責め立てるような姿勢ではなく、何が彼や彼女をルール違反の業務に駆り立てているのか、まずは原因の確認に努める。原因が明らかになった場合は、どうすれば利用者の視点からみた〝いい人〟になれるか、その方法をアドバイスする。

項目⑩「職場のなかにどのような問題や課題があるか、それらを解決するためにはどうすればいいか、自分の考えを職場のなかで示したことがない」に✓点がついた場合は、まず、自分の身近なところにある問題や課題の列挙作業に取りかかろう。いつも行っている業務のなかに、利用者の立場に立って点検したとき、不適切あるいは不十分といえるような業務がないか、チェックする。不十分というものがあれば、それをノートに書き出す。問題や課題のなかで、重要度の高いものを一つ選び出し、解決に向けた対応策を立案する。できあがったものを、今、職場のなかで一番心を開いて話ができる先輩や同僚にみせ、アドバイスをもらう。「こうすればいいよ」というアドバイスを受けた場合は、バージョンアップに取り組む。よりよい案に仕あげたうえで、他の職員（あるいはチーム全体）に自分の意見を提示すれば、提案を前向きに捉えてもらえる可能性が高くなる。自信をもって、問題や課題を示す職業人として成長していくことができる。

こうした努力を着実に積み重ねていけば、もう大丈夫。真の意味で利用者から高く評価される〝いい人〟になれる。職業人として他の職員から尊敬の眼差しを受ける〝いい職員〟になることができる。

□ **6** よく考えてみると、福祉の職場で働く職員として、どのようなケアの実現を目指すのか、明確な達成目標をもっていない（一人の職員として、どのようなケアの実現に向けて働いているのか、同僚、先輩、上司、後輩等に、胸を張って説明できない）。

□ **7** どちらかといえば、利用者からどうみられるかということよりも、他の職員からどうみられているかということの方が気になる。

□ **8** これまで後輩や同僚に、注意したり、厳しい指摘をしたことがほとんどない（本来であれば注意されるべき誤った行動を示す後輩や同僚がいるのに、見て見ぬふりをしている状態になっている）。

□ **9** これまでの勤務経験のなかで、自分が中心となって改善を成し遂げたことがない（チームの一員として改善にかかわったことはあるが、自分が改善を果たす中心メンバーとしてリーダーシップを発揮したことがない）。

□ **10** 職場のなかにどのような問題や課題があるか、それらを解決するためにはどうすればいいか、自分の考えを職場のなかで示したことがない（職場をよくするための提案を過去１年間したことがない）。

Check

悪しき職員転落度チェックリスト

（誰にとっての“いい人”か、見極めチェックリスト）

□ 1 どちらかというと、誰に対してもいい顔をしてしまう方だ（不適切な働き方をしている人に対して、毅然たる態度を示すことはできない。安易に迎合することがある）。

□ 2 会議の場で、意見を言うことはめったにない（会議中、発言をしようかなと思うことはあるが、嫌われたくないとの思いが脳裏をよぎり、発言せずに終わってしまうことが多い）。

□ 3 現在の業務姿勢を振り返ってみると、日々の定型業務を淡々とこなすだけの毎日になっている（日々の業務を振り返り、課題や問題、改善点を見いだすとの姿勢を示していない。利用者の立場にたって考えると、見直した方がいい業務があっても、改善策を講じることなく、いつもの方法での業務に終始している）。

□ 4 業務のレベルアップや改善に向けた取り組みに関して、自分から積極的に行動を起こすのは苦手だ（人についていくのは得意だが、リーダーシップを発揮して人を引っ張るのは不得意だ）。

□ 5 他の職員の目があるときは笑顔で丁寧に業務を行っているのに、他の職員の目の届かないところでは、きつい表情で雑な業務姿勢になることがある（他の職員の目があるときと、ないときでは、業務姿勢が一変してしまうことがある）。

久田が説く

ここが重要！

本当の〝いい人〟になるために留意すべきポイント

- 「“いい人”だと思われたい」との思いは、必ずしも、自身をいい方向に導くとは限らない。
- 誰にとっての“いい人”になるのかを常に意識する。
- “いい人”が実は利用者を傷つけることがある。誰にとっての“いい人”を目指すのかを見誤ると、権利侵害や業務低下の旗振り役に成り果ててしまうケースがある。
- 定期的に、自分は一体誰にとっての“いい人”を目指しているのか、自己チェックに取り組むようにする。
- 利用者やよき手本、いい仕事をしている職員から、“いい人”だと思われたくないのではなく、“悪しき手本”をみせる職員から“いい人”だと思われたいとの思いが強くなっている自分に気づいた場合は、即座に事態改善に向けて行動を起こす。
- 間違った方向に流されることを防ぐために、自分はどのようなケアの実現を目指すのか、常に、明確な目標をもって働くようにする。
- 自信をもって職場内の問題や課題が提示できる職業人となるために、問題や課題の整理の方法、改善策の立案と提示の方法を身につける。

学びを推進し業務レベル低下のスパイラル現象を食いとめる

第10章 学習する組織づくりに向けて行動を起こす

業務レベルが低下傾向にある職場の共通点

私の重要な仕事の一つは、業務改善のアドバイスである。「業務レベルの向上に手を貸して欲しい」「問題解決に向けて何をどうすればいいか、アドバイスしてほしい」「職員の意識向上について、ぜひ力を貸してほしい」などとの連絡が入れば、時間が許す限り、日本各地どこへでも飛んでいく。領域や種別は一切問わない。子ども福祉関連事業所、障害者福祉関連事業所、介護保険事業所など、どんな領域、種別であろうとも、喜んで業務改善のアドバイスをさせていただく。

長年にわたって、こうした活動に取り組むなかで、ある重要な教訓を学んだ。業務レベルが低迷状態にある職場には、極めて残念な共通点があるとの事実である。業務レベル向上のキーパーソンに当たる人が「専門的な知識や技術を学ぶのは意味がない」「専門的知識や技術は机上の空論だから学ぶのは無駄」「勉強してもレベルアップにつながるとは限らないので、学ぶ必要などない」との姿勢を示しているという共通点だ。

ただし、あからさまな形で、「学ぶ必要などない！」と主張するのではない。表向きは職員の学びを職場全体でサポートするとの姿勢を示す。法人が発行している事業計画書をみると、職員育成の指針として、内部研修会の実施、外部研修会への職員派遣、各種資格取得に向けた支援制度などがしっかりと示されている。

一見、職員の学習支援に積極的なようにみえるが、実情は異なるケースが少なくない。計画通り、内部研修会を開催したり、職員を外部研修会に派遣したりしているが、職場のキーパーソンともいうべきある一定の立場にある職員、あるいは経験年数を積み重ねた職員からは、消極的あるいは否定的言動が漏れ聞こえてくる。「研修会に出しても費用がかかるばかりで意味がない」「職員が研修に出てしまうと現場を回すのが大変になるから、なるべく研修に出てもらいたくない」「勉強しても、机上の空論を学ぶだけで、現場には役に立たない」などといった声である。

現場で働く職員の勘は鋭い。「学ぶのは無駄」との声が周りから聞こえてきたら、同調する姿勢に陥りやすい。下手にあらがうと、自分の立場が危うくなる。まずは自分の身を守らねばとの防衛

本能が働くためだ。

その結果、職場はどうなるかは説明するまでもない。職場全体に「学ぶのは無駄」「学ぶ必要などない」との空気が蔓延するようになる。

誰が学ぶ意欲を左右するキーパーソンとなるのか

注目すべきは、誰が最前線で働く職員の学ぶ意欲を左右するキーパーソンになっているかという点だ。多くの福祉現場とかかわってきた経験をふまえれば、キーパーソンとなる職員は三つのグループに整理できる。

第一のキーパーソンは、施設長、あるいは、その立場に準じる管理職職員。彼らが、職業人として学ぶことの重要さや研修の大切さを理解し、部下に正しく自らの思いを伝えていれば、部下の学ぶ意欲は一気に高まる。自主的に学ぼうとする姿勢も強くなる。もし、施設長や管理監督する立場にある職員が「専門的な知識や技術を学ぶのは無駄」「役に立たない」との見解を示せば、そのもとで働く職員はひとたまりもない。専門職としての知識や技術をいくら磨いても、この職場では自分のことを評価してもらえないのだと解釈する。学ぼうとする姿勢は、しぼみやすくなる。

施設長や管理職職員が、職員の学びに対してどのようなスタンスを示しているかは、彼らが示すちょっとした言動や姿勢などから伝わってくる。

例えば、学ぶことの大切さを重視しない管理職職員は、職員を外部研修に派遣した後に、職員会議などの場で、口頭で報告する機会を与えようとしない。報告書さえ出せばいいとの姿勢を示す。

内部の研修会に関しても、姿勢は極めて消極的だ。担当職員に任せきりの状態で、どうすればより効果的な研修となるか、アドバイスすることがない。研修の意義や目的、期待される成果等について、担当職員と擦り合わせることもしない。管理職職員は担当に任せていると主張するが、実態は丸投げ状態。実施要項の作成から実施段階、そして、その後の評価といった一連の過程において適宜意見交換したり、アドバイスする姿勢を示さない。

外部講師を招いて内部研修を行う場合も、姿勢は消極的。担当職員が講師を選定し、連絡を取る前に、上司である管理職職員に報告するが、どのような人か十分に把握しないままOKを出す。正式な依頼をしたあとも、講師が記した書籍や論文など事前に読んだうえで、研修の場に臨むといった積極果敢な姿勢を示すことはない。研修を効果的なものにするためには、依頼主側が、講師がどんな考え方をする人なのかを理解しておく。どのような見地から研修テーマについて、解説してくれるのか、事前に予習をしておく。これは、研修依頼をする側が事前に行うべき基本的準備の一つであるが、これまでほとんど行動に移したことがない。研修当日のはじめのあいさつも、管理職職員が行うのが通例だが、準備が不十分なので、研修の意図をうまく説明できない。なぜ講師に招いた人が、このテーマにふさわしい人なのか、説明できない。研修後、どのような行動を起こしてもらうことを期待するのか、伝えることができない。こうした消極的かつ後ろ向きの姿勢が、部下である職員に伝わり、職場全体の学ぶ意欲が低下していく。

第二のキーパーソンは、現場を管轄する立場にある主任クラスの職員。最前線で働く職員からすれば、主任は最も身近なところにいる〝上司〟である。主任がどのような姿勢や考え方をしているかが、彼らのもとで働く職員に大きな影響をおよぼす。ちょっとした言動が、彼らのもとで働く職員の学習意欲を向上させることもあれば、低下させることもある。もし主任クラスの職員が、「研修に職員がでかけると、現場が手薄になるから困る」との姿勢を如実に示せば、どうなるか。彼らが管轄する部署では、「他の職員に迷惑をかけてしまうから、研修にはいかない」との思いが職員間で共有されるようになる。「学ぶこと」イコール「迷惑」という誤った認識が、職員の脳裏に刻まれてしまう。

学ぶ意欲に強い影響をおよぼす、第三のキーパーソンは、役職にはついていないが、経験年数が比較的長く、業務の実施手順や方法などを「自分がつくった」と思っている職員のみなさんである。いわゆるベテランの域に達している職員である。彼らが、積極果敢に学ぶ姿勢をみせれば、後輩もその姿勢を真似するようになる。当然、自分たちも先輩に負けないよう、学び続けなければならないとの姿勢を示すようになる。

対照的に、研修参加や学ぶことに消極的なベテラン職員が多いとどうなるか。後輩職員もその姿勢を真似するようになる。困ったことに、学びを放棄したベテラン職員は、強い学習姿勢を示す後輩に対して、〝攻撃的〟姿勢を示す場合もある。「現場では教科書で学んだことなど通用しない」「勉強好きな人は頭でっかちで困る」などと吹聴し、学ぶ意欲を奪い取ろうとする。なぜ、こうした行動にでるのか。新しい知識を身につけようとする職員がいると、「自分が今まで築きあげたことが否定され、壊されるのではないか」との思いにかられるためだ。科学的・理論的な裏づけがなく経験則だけで行ってきた業務に対して、「これではいけない」と指摘されるのではないかとの不安心理が、後輩に「勉強なんて役に立たない。無駄だ」とプレッシャーをかける行動に駆り立ててしまうのである。

共に働く後輩職員は先輩の思いに敏感だ。「自ら積極的に学ぶ。外部研修に強い意欲をもって参加する。そんな姿勢を示すのはこの部署では得策ではない」と判断し、学びに対して消極的姿勢を示すようになる。その結果、部署全体（チーム全体）が、学びに消極的な状態に陥ってしまう。

業務レベル低下のスパイラル現象

こうした状況に対して何の対策も講じられなければどうなるか。そこで働く職員は、次に示す五つの段階からなる「業務レベル低下のスパイラル現象」に陥っていく。

第一段階は「**専門的知識や技術の習得へのためらい**」。もともとは学ぶ意欲は強かったのに、先にあげたキーパーソンの言動に意気消沈。「新しい知識を身につけようとする姿勢は、ここでは評価されないんだ」との思いを抱き、学びをためらうようになる。

第二段階は「**専門的知識や技術を習得する取り組みの放棄**」。これは戸惑いがあきらめへと変容する段階である。「学んでも評価されないし、下手に学ぼうとすれば、他の職員からにらまれるかもしれないから何もしない」との思いが強くなる段階である。

第三段階は「**問題意識の低下**」。新たな知識や技術を身につけずに業務が遂行されていくために、何の疑問もなく日々の業務を繰り返すだけの状況になる。問題や課題が実は存在するのに、それを発見できなくなる。発見できたとしても、見て見ぬふりをするようになる。

第四段階は「**異論を唱える者への圧力**」。これは、専門的な知識や技術に基づかない自分たちの業務に対して、異論を唱える人を敵視し、圧力を与えるようになる段階である。無視、陰口等といった行為が示される場合もある。

第五段階は「**職場の完全制圧**」である。不適切な業務を職場全体に蔓延させ、組織全体を牛耳るようになる。学ばない、改めない、見直さない。これが職場のモットーとなり、不適切な業務を行う職員が現場の全権を掌握するようになる。異論を唱える者は、完全制圧の憂き目に遭い、職場を離れるか、悪しき業務を行う職員の軍門に降るかの二者択一を迫られるようになる。

「学習する組織文化」の醸成に向けた、最初の一歩をまずは自分が踏み出す

さて、こうした負のスパイラルを食いとめるにはどうすればいいのだろうか。最も重要かつ有効なのは、まずは自分が「業務レベル低下のスパイラル現象」に陥らぬよう、自己防衛策に着手することだ。周りの雑音や誘惑に負けず、専門的知識や技術の習得に着手し、実績を積み重ねる。そのうえで、職場の仲間に学びの大切さを呼びかけていく。実績を示せる人の言葉は重みを増すようになる。「学習する組織文化」の醸成に向けて、影響力を発揮できる人財になれる。そうなるために、次に示す五つの取り組みに着手することが必要となる。

■取り組み①：リスクマネジメントの手法を用いて、学ぶことの大切さを確認する

自分にとって、専門的な知識や技術を身につけることは、どのような意味があるかを理解するた

めに、自己のリスクマネジメントに取りかかる。例えば、認知症に伴う帰宅願望の強い人に対して、行き当たりばったりの対応に終わっているという事実が職場内にあるケースを考えてみよう。もし、このような状況が放置されれば、自分はどんなリスクに直面する可能性があるか、考えてみる。想定されるリスクは、「利用者の不安心理を解消できない」「家族が行き当たりばったりの対応に気づきクレームを受ける」「ボランティアや外部の人から不適切な対応との誹《そし》りを受けかねない」「不適切な対応を目にした学生が福祉の職場で働く意欲を失う（結果的に人財確保ができなくなる）」などといったものになる。こうしたリスクを自覚することによって、「このままではいけない。学ばなければ」との意欲を高めるのである。

■取り組み②：「何を何のために学ぶのか」、テーマと目的を明確にする

学ぶには、どのような知識や技術の習得を目指すのか、学習課題を明確にする必要がある。同時に、なぜそれを学習課題に選んだのか、理由と目的を明確にする試みが必要である。この点が曖昧だと、どんなに本を読んでも、どんなに多くの研修会に参加しても、何も学べずに終わる。

■取り組み③：知識や技術の習得に向けたスケジュールを作成する

習得を目指す知識や技術（学習課題）が決まったら、達成に向けたスケジュールを作成する。その際には逆算するスケジュール作成をお勧めしたい。取り組みは、いたってシンプル。最初にいつまでにゴールに達するのか、期日を決定する。その日までにゴールに辿り着くには、いつ、何をす

ればいいか。こういった視点でスケジュールをつくる。

■取り組み④：進捗状況を定期的にチェックし、必要性が確認できた場合はスケジュールや取り組み方を修正する

どんなに優れた人であっても、いつ何時《なんどき》もスケジュール通り行動できる人はいない。定期的に進捗状況を確認し、修正の必要性がある場合は、遠慮せず修正しよう。

■取り組み⑤：学んだことを他者に伝授する

これが最も大切なポイントである。自分が何に取り組み、どのような知識や技術を手にしたか職場の仲間に伝える機会をつくる。仲間に専門的な知識や技術を学ぶことの大切さを伝える。まさにこれこそが「学習する組織文化」醸成に向けた重要な取り組みとなる。職場を学ぶ人が集う組織へと導く重要な一歩となる。

久田が説く

ここが重要！

「学習する組織文化」の確立に向けて留意すべきポイント

- 業務レベルが低迷している組織は、職場全体に学びを軽んじる組織風土（組織文化）がはびこっているという共通点がある。
- 管理監督職員、中間管理職職員、ベテラン職員が学びを軽視する職場では、最前線で働く職員の学ぶ意欲も低迷状態になる。
- 学びを放棄した職場は、悪しき業務姿勢をみせる職員で現場が制圧されるようになる。心ある職員が対立姿勢を示すと、徹底的な攻撃対象となり、退職を余儀なくされる状況にまで追い詰められる。その事態が発生しやすい。
- 学習する組織づくりの最初の一歩は、他者から始まることはない。まず、自分が確かな一歩を踏み出し、行動を起こすことが求められる。
- 学習する組織づくりのために、①学ぶことの大切さを再確認する、②「何を何のために学ぶのか」を明確にする、③知識や技術の習得に向けてスケジュールを作成する、④進捗状況を適宜チェックする、⑤学んだことを他者に伝授する、といった取り組みに着手する。

決め手は教訓学習力の習得強化だ

第11章

どうすれば同じ失敗を繰り返す「その場しのぎ症候群」の魔の手から逃れられるか

「現場と共に歩む」をモットーに掲げる私が重視すること

福祉の現場で働く人の相談にのる。これは「現場と共に歩む」をモットーに掲げる私が、最も重視する活動の一つである。

職種や職階、働く領域などは一切問わない。高齢者領域で働く相談員、介護職員、ケアマネジャー、看護職、リハビリ職、栄養ケア職員から相談を受けることもあれば、障害者福祉や子ども福祉の領域、地域福祉領域などで働く支援員、療育スタッフ、専門員などから相談を受けることもある。管理職からの相談もあれば、パートタイムで働く職員からの相談もある。

相談内容は職場内の「困りごと」であるが、中身もそれこそ多種多様。介護、支援、療育の方法など利用者への直接支援に関する相談もあれば、職員間の連携や業務遂行の方法など支援体制に関するものもある。家族との信頼関係あるいは協力関係について、頭を悩ませているといった類の相談もひっきりなしに寄せられる。

相談はかつては研修会後の面談や手紙などによって寄せられることが主流であったが、今はメールによる相談が圧倒的に多い。返事を書くだけでも毎日一時間以上費やす日々が、ここ一〇年ほど続いている。

解決できずに困っているのは「未知の問題」ではない

福祉の最前線で働く職員から寄せられる相談内容を分析してみると、重要な事実が浮かびあがってくる。その圧倒的多数は、彼らが初めて直面した〝未知の問題〟ではない。現場で働くなかで、過去に何度も経験したことがある〝お馴染みの問題〟であるケースが大半であるという点である。最近の相談例から、典型といえるものを三つ紹介しよう。以下に示す相談は、高齢者施設で働く職員から寄せられたものである。

一つ目は、帰宅願望を強く示す利用者にどう対応していいかわからないので、適切な支援方法についてアドバイスをしてほしいとの相談。過去にも同様の行動を示す利用者がいたのだが、今回もどう接していけばいいのかわからず困っているとのこと。

二つ目は、最近転職してきた職員に関する相談。その人は他の高齢者施設で五年ほど介護職員として働いた経験があり、前の職場で覚えた介護の方法や業務のこなし方が「すべて正しい」と頑なに信じている。新しく働き始めた職場の介護方法や業務手順は、すべて「間違っている」と一刀両断に否定し覚えようとしない。前の職場で覚えた業務手順や方法を押し通すため、他の職員との間でトラブルが生じているとのこと。

三つ目は、利用者の家族との間で、連絡の行き違いが生じ、信頼関係に傷がついてしまったというケース。どうすれば、信頼関係を立て直すことができるかとの相談である。

これらの相談に共通なのは、先に指摘した通り〝未知の問題〟ではないという点だ。過去に同じような経験を何度もしたことがあるという点である。

一つ目の帰宅願望のある利用者に関しては、これまで同じような行動パターンのある人に何度もかかわってきたが、いまだに適切な支援方法がわからず苦慮しているとの相談であった。

二つ目の相談も、よく話を聞いてみると、他の福祉職場からの転職者が「前の職場のやり方が絶対に正しい」と主張し、他の職員とのトラブルに発展したとの経験が何度もあるという。

三つ目も同様である。家族との間の連絡ミスや情報共有のミスなどによって、信頼を失ったり、失いかけたりしたことは、これまで何度も経験しているという。にもかかわらず、今回もまた連絡ミスを起こしトラブルに発展したとのことであった。

元凶は「その場しのぎ症候群」の蔓延にあった

問題は、なぜこうした事態が繰り返し発生しているかだ。原因特定は困難ではない。その場しのぎの対応に終始していたからだ。カリフォルニア大学サンディエゴ校教授ロジャー・ボーンの言葉を借りれば、「その場しのぎ症候群」（Fire-fighting Syndrome）の罠に陥っていたためだ。

「その場しのぎ症候群」が組織にもたらす悪影響は、想像以上に大きい。問題が生じても、その場しのぎの火消し作業に追われるだけで根本的な問題解決には取り組もうとはしない。鎮火作業が終われば、任務完了と判断してしまう。一体何が原因で〝問題〟という火柱があがったのか、どうすれば食いとめられたのか、原因を探ろうとの姿勢を示さない。その場しのぎの対応に終始し、火が消えて、問題がみえないようになったら、一件落着と考えてしまう。原因を究明したわけではないので、問題を生み出す火種が組織から完全に排除されたわけではない。そのため、ちょっとしたきっかけでまた火の手があがる。

注目すべきは、同じような問題が繰り返し発生するだけにとどまらないという点だ。再発するたびに、問題の大きさはエスカレート。どうにも手がつけられないほど、大きな問題に発展していく。こうなれば組織は致命的状態に陥る。

同じ問題が繰り返し発生し、業務レベルが低迷状態に陥っていく職場では、職員のモチベーションも低下の一途を辿る。働く人のやりがい向上（職務満足度向上）の決め手となる「成長欲求」や「貢献欲求」が満たせないためだ。「よかった。この職場で働くことができて。だって、こんなに成長したもの！」「私はこの職場の発展にこんなに貢献した！」「利用者のみなさんのＱＯＬ（生活の質）の向上や生きづらさの軽減にこんなに貢献した！」との実感が得られないからである。

教訓学習力の習得が「その場しのぎ症候群」治癒の特効薬となる

では、どうすれば「その場しのぎ症候群」の状態との訣別が図れるか。そのためには、まず「その場しのぎ症候群」の特徴を確認する必要がある。特徴をつかむことによって、訣別に向けた重要なヒントを学ぶことが可能となるからだ。

「その場しのぎ症候群」の最大の特徴は、問題が発生しても火消し作業に終始するだけで抜本的な解決に向けた取り組みには着手しないという点にある。問題や失敗から教訓を学び、二度と同じような事態が起こらないようにするとの重要な取り組みが行われていない。

この状況を打破するには、火消しが終わったら任務完了と判断する〝悪しき姿勢〟との訣別が欠かせない。一連の出来事を振り返り、教訓を学ぶとの姿勢、そして、学んだ教訓をもとに、抜本的解決策を立案し、実行に移すとの取り組みを学ぶことが必要になる。すなわち、教訓学習力の習得に向けた取り組みが必須要件になる。

習得に向けた取り組みは個人レベルでも、職場レベルでも実施できる。どちらで行うかは、職場の環境次第だ。もし、最初から職場全体で取り組むことが困難な環境にある場合は個人レベルから始める。職場全体ですぐに取りかかれる場合は、職員会議等の場で実施を提案し、実施していく。

取り組み方はシンプルだ。まずは個人で始めるという場合は、以下に示す〈プロセス1〉から〈プロセス4〉に取り組んだあと、学んだ教訓をもとに作成した「困難事例発生防止策」を個人レベルで実施していく。

職場全体で取り組む場合は〈プロセス1〉から〈プロセス6〉までのすべての取り組みにチャレンジする。

小さな取り組みの積み重ねが大きな変化をもたらす原動力となる。「その場しのぎ症候群」との訣別、そして、教訓学習力の習得に向けて速やかに行動を起こすことが、今、福祉の世界で働く人には求められているのである。

プロセス1

現在働く職場のなかで、これまで経験した「解決困難事例」あるいは、「利用者や家族から強い口調で苦情を受けた」「ある介護職員のとてもプロとは呼べない利用者に対する傍若無人な接し方を改めてもらうのに四苦八苦した」などといった「強く印象に残っている出来事」を列挙する。職務経験が長い人は、過去三年を振り返り、「解決困難事例」を列挙する。

プロセス2

列挙した事例のなかから、これまで繰り返し起こっている問題、あるいは、これからも繰り返し起こりそうな問題を一つだけ選ぶ。

プロセス3

絞り込んだ事例の発生状況を、『解決困難事例記入用シート』（一二二ページ参照）に書き出す（どんな困難事例が「いつ」「具体的にどんな状況で発生したのか」「解決に向けてどのような対応がなされ、その結果どうなったか」等といった点を書き出す）。

プロセス4

『解決困難事例記入用シート』に「学んだ教訓と防止策」欄をつくり、一連の取り組みを通して学んだ教訓を書き出す。続いて、同じような問題や課題が生じないようにするための具体的防止策を書き出す。

プロセス5

『解決困難事例記入用シート』に書き込んだ内容を職員会議の場で発表する。そこに記載された防止策が、今後職場全体で共有していく防止策として合意が得られるか、審議・検討する。

プロセス6

合意が得られた場合は、防止策を実行に移していく（防止策の修正が必要だということが確認できた場合は、修正のうえ、会議の場に修正案を提出し、審議し直す。みなの合意が得られるまで修正を繰り返す）。

引用・参考文献

ロジャーE・ボーン（西尚久／訳）「Stop Fighting Fires:【再掲】クライシスの火種を消す『その場しのぎ症候群』から脱する法」『Diamond Harvard Business Review』三六（五）通巻二七二、二〇一一年、八六―一〇〇頁。

『解決困難事例記入用シート』（記入例）

▶解決困難事例

⑴ 困難事例が生じた日時（時期）
2015年11月５日（木） 15時頃

⑵ 事例に登場する当事者は誰か
障害者支援施設にて生活する身体障害者（40代）

⑶ 困難事例の解決にかかわった主な職員
支援員（30代）、経験年数５年

⑷ 具体的にどのような困難事例（問題）が発生したか
本人より「先週月曜日から昨日までの自分のケース記録について、どんなことが書かれているのか見たい」との希望あり。上司の許可を得たうえでケース記録を見せたところ、書かれた内容について「納得がいかない」との訴えあり。「先週の水曜日の記録を見ると、夕食時に私が職員に対して言ったことが、『いつもの要求をまくしたてる』と書かれている。これは許せない。何を訴えたのか書いていないし、『まくしたてる』と私が一方的にわがままでも言っているような記述になっている。外出の機会をもう少し増やしてほしいと希望しただけなのに……」と強い口調で職員に詰め寄る。

⑸ 困難事例に対して、どのような取り組みを行い、その結果どうなったか
「外出を増やしてほしい」との要望に対して職員が不適切な捉え方をしていたこと、十分かつ適切な対応をしなかったこと、さらには、利用者の言動に対して不適切な記録をしたことについて、その場で担当支援員がお詫びする。加えて、報告を聞いた施設長が本人のもとに行き「不適切な内容の記述になっていたことを心よりお詫びします」と謝意を伝える。支援員が謝ったときには、「別に謝ってくれなくてもいい」と強い口調であったが、施設長からの謝意を聞くと表情がやわらぐ。まずは、施設長、そして、支援員に対して「誠意ある対応ありがとう」との言葉をかけてくれる。続いて、支援員より外出の機会を増やすとの改善策が示され、利用者も納得。問題解決に至る。

▶学んだ教訓と防止策

⑹ 今回の困難事例からどんな教訓を学んだか
（どうすれば同様の事例発生が防げるか、学んだ教訓を記す）

【学んだ教訓①】
利用者から意見、要望、苦情を受けた場合は、「誰から」「どのような意見、要望、苦情があり」、それに「職員がどう対応し」「どうなったか」、事実をありのままに記すことの大切さを学ぶ。

【再発防止に向けた改善策】
①事業所内に記録の書き方に関する検討委員会を設置。
②同委員会が中心となり、介護記録、相談援助記録、苦情受付記録などの記録の方法についてマニュアル（ルールブック）を作成。
③職場全体に、ルールに基づいて記録をするよう周知徹底する（ルールを守っていない書き方をする職員がいる場合は、しかるべき立場の職員が注意を促すようにする）。

【学んだ教訓②】
利用者からの意見、要望、苦情に対して、どのような姿勢で受けとめ、どう対応するのか、基本的なルールを再確認し、職場全体で共有することの大切さを学ぶ。

【再発防止に向けた改善策】
①意見・要望・苦情に関する既存のルールを点検する（改善の必要性がある場合には、バージョンアップを図る。既存のルールがない場合は新たに対応手順等のルールを作成する）。
②バージョンアップを図ったルール（新たに作成したルール）を周知するために、職場内研修会を開催する。
③意見、要望、苦情に対して、ルールを守った対応がなされているか定期的に点検。不十分な点がみられる場合は、しかるべき立場にある職員が注意を促すようにする。

久田が説く

ここが重要！

『その場しのぎ症候群』撲滅に向けて留意すべきポイント

- 業務レベルの低下がみられる職場は、同じ失敗を何度も繰り返すという特徴がある。
- 失敗を繰り返せば繰り返すほど、失敗がもたらす被害は大きくなっていく。より大きなダメージを利用者や組織に与えるものになる。
- 同じ失敗を繰り返す職場は、組織全体がその場しのぎの対応を繰り返すだけの「その場しのぎ症候群」に陥っている可能性が極めて高い。
- 症状が克服できなければ、取り返しのつかない事故が発生する。大きなクレームにつながるような事態が発生する可能性が極めて高くなる。結果的に職場のブランド価値、社会的評価が失墜する事態が発生しやすくなる。
- 「その場しのぎ症候群」克服には、六つのプロセスから構成された教訓学習力の習得に向けた取り組みが必要となる。
- 職場全体で「その場しのぎ症候群」の克服に取り組むことが困難な場合は、まず、個人レベルで解決に向けた取り組みに着手するよう努める。

日々の業務姿勢のなかにレベル低下促進要因が潜んでいる

第12章

知らないうちに身につけた「悪しき習慣」が、レベルダウンへと自分を追い込む原因となっている

ある研修会での一コマ

ある秋の日のことである。某県社会福祉協議会での中堅職員研修の終了後、参加者の一人から「相談にのって欲しいのですが」と声をかけられた。話を聞くと次のような状況に陥り、困っているという。

・日々の業務を漫然とこなすだけの毎日が続き、モチベーションがあがらない。
・このままではダメだと思うのだが、何をどうしたらいいかわからない。
・同僚や先輩に「どうしたらいいか」相談したことはあるが、問題解決につながるようなアドバイスを得ることができない。
・こんな状態が一年ほど続いており、最近では「私は福祉の世界に向かないのか」との思いを強く抱くようになった。

こうした相談を受けるのは、珍しいことではない。福祉の現場で働く人を対象とした研修会の場では、研修中の休憩時間や研修後の帰り道に、どうすればつらい状況から脱却できるか、どうすれば難局を乗り切れるか、アドバイスして欲しいとの相談を受けるのは、今や日常茶飯事となっている。

寄せられる相談からみえてきたこと

相談は、直接、メールでも多数寄せられてくる。私が講師を引き受ける研修会では、使用する資料にメールアドレスを載せ、「相談があれば、いつでもメールでお寄せください」とPRしているためだ。

メールの送信時間を確認すると、圧倒的多数が、深夜から未明にかけてだ。ひょっとすると、つらくて眠れぬ夜に、メールをしたためていたのではないか。そう思うと、すぐにでも返信しなければとの強い使命感を抱いてしまう。

かくして、ここ一〇年、私の朝一番の日課は、相談メールへの返信作業となった。前章でも紹介したが、一時間ほどかけて、返信をしたためるのは毎日の日課となっている。時間的に大変ではあるが、こうした作業に毎日かかわることができるのは、ある意味では光栄至極なことだ。福祉の現場の最

前線で働く人を支えるのは、私の職業人としての使命であるからだ。教育研究機関で働く私が、職業人としてモットーに掲げる「現場と共に歩む」を、行動に移す機会として与えてもらえるからだ。

福祉職員の相談にのるという活動から、私は重要な事実を学ばせてもらった。多くの人が抱える悩みで共通なのが、モチベーションの低下だ。何とかしてこの状況から脱却したいと思っているが、解決の糸口がみつからず苦慮しているとの厳然たる事実である。

モチベーション低下を食いとめる作業は「悪しき業務習慣」のチェックから始まる

この種の相談を受けたとき、私が最初に取り組むようアドバイスするのが、自己の業務姿勢を振り返る作業である。職業人として知らず知らずのうちに身につけてきた業務習慣のなかに、モチベーションの低下を促進する要因がないか、確認する作業だ。

なぜ、この作業にまず取り組むのか。理由は明快である。たくさんの職員の相談にのるなかで、モチベーション低下の要因が、その人が無自覚なまま身につけていった業務姿勢のなかにあることに気づいたからだ。知らず知らずのうちに身につけてきた「悪しき業務習慣」こそが、モチベーションを打ち砕き、業務レベルのさらなる低下をもたらす重要な因子であることがわかったからである。

果たして、自分がどれくらい「悪しき業務習慣」を身につけているか。業務レベルの低下を生み出す要因が身体のなかに染みついてしまっているか。確認するツールとして、私が独自に開発したのが、「悪しき業務習慣蔓延度チェックリスト」（一二八、一二九ページ参照）である。

使い方は極めて簡単。チェック項目一つひとつ順番に目を通していく。当てはまっているものについては、✓点を入れる。

✓点がついた項目がたくさんあればあるほど、モチベーションは地を這いかねない低空飛行状態。「悪しき業務習慣」にどっぷりと浸かってしまっている可能性が高くなる。ひょっとすると、権利侵害と指摘されかねない、不適切な接し方を利用者にしてしまっている公算も大きいので、注意しなければならない。

「悪しき業務姿勢」との訣別に向けて行動を起こす

チェックの結果、たとえ多くの項目に✓点がついたとしても、落ち込む必要はない。大切なのは知らず知らずのうちに身につけていたことが確認できた「悪しき業務姿勢」の払拭に向けて行動を起こすことだ。「いつかそのうち取りかかる」との悠長な姿勢ではダメ。可及的速やかに✓点がついた項目がなくなるよう行動を起こす。

その際に忘れてはいけないのは、優先順位をつけて取り組みに着手することだ。複数の項目に✓点がついた場合は、どの項目から始めるか順番を決める。一つひとつ順番に改善を図っていく。どの項目に高い優先順位をつけるかは基本的には自由。ただし、チェックリストの10だけは例外である。この項目にチェックがついている場合は、〝できない理由〟探しに奔走するとの「悪しき習慣」の払拭からとりかかろう。この項目にチェックがつく状態が続けば、一歩も前に進めなくなるからである。

□ **6** プライベート面で嫌なことがあると、ついそれが顔に出てしまう（イライラすると、顔に出てしまう。自分の感情をコントロールするのは、どちらかというと苦手である）。

□ **7** 自分の働きかけに対して、「ノー」の意思表示をする利用者に対して、イライラしてしまうことがある（食事・入浴・排泄などの面で支援が必要な人に、介護をしようとしたとき、「今はいい」「後にして欲しい」との意思表示をする利用者に対して、苛立ちを感じることがある。ナースコールを頻繁に押す利用者に対して、苛立ちを感じてしまうことがある）。

□ **8** 何事に対してもマイナス思考で捉えてしまう傾向がある（新しいことに対しては、失敗したらどうしようとの不安ばかりが脳裏をよぎり、行動を率先して起こそうとしない。厳しい指摘をする先輩、同僚、上司に対しては、指摘が正しいかどうかにかかわらず、否定的かつマイナスの視点で捉えてしまう方である）。

□ **9** わからないことをそのままにしている（わからないことがあることに気づいたのに、「わかるようになるために勉強しよう」「プロとして働いているのだから、きちんと調べてわかるようになろう」などとの気持ちになることはほとんどない。たとえ、「わかるようにならなければならない」との思いが脳裏をかすめても実際に行動を起こすことはほとんどない）。

□ **10** 見直しが必要な業務があることに気づいたとしても、“できない理由”探しに奔走し、結局行動を起こさないで終わってしまうことが多い（業務面で明らかに見直しが必要なことがあっても、「忙しい」「時間がない」を言い訳にして何もしないですまそうとする傾向がある。「業務の見直しに取り組もう」との声が職場内であがると、「これまで積みあげてきたすべての実績を否定されたようで嫌だ」「余計なことをしないで欲しい！」といった抵抗感をつい抱いてしまう）。

Check

悪しき業務習慣蔓延度チェックリスト

□ **1** 日々、職員として携わる業務が、やりっ放しの状態になっており、定期的に振り返ることができていない（少なくとも年に1回、自分が行っている業務に関して改善すべき点はないか、チェックする取り組みに着手していない。振り返りは行うこともあるが、現状チェックに終始するだけにとどまっている。改善に向けた行動には着手しないので、結局、業務レベルの向上が図れていない）。

□ **2** 今年度、職業人として、何を達成するために働くのか、どのような技術と意識を身につけるために働くのか、どのような業務改善に取り組むのか、明確な目標を掲げていない（目標は掲げているが、実現に向けて行動を起こしているとはいえない状況にある）。

□ **3** 計画性がなく、行き当たりばったりの業務になることがある（業務に当たる前に、どのような手順や段取りで取りかかるのか、事前に考えたうえで業務に取り組むとの習慣が身についていない。支援が困難な行動をみせる利用者に対して、行き当たりばったりの対応になることがある。どのような根拠で、そのような対応をしたのかと聞かれても、答えられない状況にある）。

□ **4** 危機意識や問題意識が欠如している（自分が行う日々の業務のなかに、家族や権利擁護の専門家がみれば厳しい指摘を受けるような実態があるのに、改善に向けて行動を起こしていない。改善すべき事柄があったとしても、「このままでいいじゃないか」「なぜ私が率先して変えなければならないのか。それは課長、主任、上司の仕事だ」と思う傾向が強く、実際に何も行動を起こさないで終わっている）。

□ **5** 自分のやり方に対して、批判的な発言をする職員に対しては、たとえ正しい指摘だったとしても素直に受け取れない（業務のこなし方や支援の方法について、他者からの指摘に対して冷静に耳を傾けることができず、ついイライラしてしまう。自信がない業務に関して、他の職員にこの方法でいいか、確認することができない。うまくこなせない業務に関して、他の職員に教えを請うことができない）。

この項目を改善するうえで、最も有効な方法は、〝できない理由〟探しに奔走する「悪しき習慣」との訣別を心のなかで高らかに宣言することだ。何かやらねばならないことが生じたとき、「時間がない」「忙しい」を言い訳にしない。たとえ、「時間がない」「忙しい」状況にあることが事実だとしても、知恵を絞り、少しでも、前に進むとの姿勢を貫く。どうすれば、限られた時間のなかで、改善をやり遂げられるか、目標達成が可能となるか。〝できない理由〟探しに奔走するのではなく、「できるようにする」ための方法を考える。こうしたポジティブな姿勢で、業務に取りかかるようにする。

〝できない理由〟探しとの訣別を図る際には、「年齢を言い訳にしない」との覚悟も必要である。「もう私は、○○歳だから無理。学ぶことなどできない」と決めつけてはいけない。プロフェッショナルな職業人という観点からいえば、いくつになっても成長は可能である。私の大好きな英語の言い回しでいえば、「イッツ・ネバー・トゥー・レイト」(It's never too late.)だ。これは「人生において遅すぎるということはない」「今、こうしたいと強く思うことがあれば、ためらわずにチャレンジしよう」との意味で使われるフレーズである。いくつになろうとも、「もっといい仕事をしたい」との強い思いをもち続ける。「若い頃にきちんと勉強しておけばよかった。今となっては無理」との思いが心のなかから湧きあがってきたら、「そんなことはない！」と高らかに宣言し、誘惑に負けないようにする。何歳であろうと、未来志向で成長し続ける職業人となることが求められているのである。

久田が説く

ここが重要！

身についてしまった「悪しき習慣」を取り除くために留意すべきポイント

- 知らないうちに身につけてしまった「悪しき習慣」が業務レベルの低下やモチベーションの低下の原因になっているケースがある。
- 業務のやりっ放しで振り返りがないとマンネリ業務に陥り、モチベーションが下がりやすくなる。
- 新たな知識の習得を怠ると、実現すべき業務レベルの把握が困難になる。あるべき業務のイメージと現状とのギャップを把握することができなくなるため、現状に流されるだけのマンネリ業務に陥りやすくなる。
- 目標がないまま働くと、漫然と日々の定型業務を繰り返すとの姿勢に陥りやすくなる。
- やるべきことがあるとき、“できない理由”探しの罠に陥らないようにする。
- いい仕事への取り組みを始めるうえで、遅すぎることはない。「何か、始めなきゃ」との思いを抱いたときに、即座に行動に移していく。そんな姿勢をもつことが必要とされている。

ストレングス視点は職業人としての飛躍と成長の必須要素である

第13章 「強み」に磨きをかけると同時に、「欠点」克服に向けた行動を起こす

才能や運だけで、職業人としての成功や成長は勝ち取れない

職業人として心から納得できる成果を収めるには、何が必要か。「職業人として最高の人生を送った」と言える人になるには、何が必要か。ビジネスの現場で働く友人に、この種の質問を投げかけると、不思議なことに同じような答えが返ってくる。誰もが重要だと指摘するのが、次の二つの要素。一つは、才能。職業人としていい成果を残すための才能に恵まれているかという点。もう一つは、運。いわゆる、運に恵まれているかどうかという点である。

確かにどこの世界で働こうとも、才能と運は必要である。オリンピックで、世界記録を出すアスリートになるためには、才能は欠かせない。運も必要となろう。才能に気づき、最大限に引き出したり、伸ばしたりしてくれるコーチに出会えるかどうかも、重要なポイントになる。同じくらいの才能があったとしても、開花できるかどうかは、「出会いに恵まれるかどうか」が左右する。いわゆる、アスリートとしての成功には、運が大きな影響をおよぼすという点は否定できない事実だ。

ただし、勘違いしてはならない重要な留意点がある。才能と運だけで、職業人として最高の人生を手に入れた人は、私が知る限り誰もいない。

才能や運に負けないくらい重要な要素となるのは、自分が現時点で保持する「強み」を磨き続けるとの姿勢である。欠点と思えることについては、「自分にはこういった欠点があるからダメ」と否定的な見方に終始するのではなく、見方を変えれば「強み」にもなるとポジティブな姿勢で捉えるようにする。

ビジネスの世界だけでなく、福祉の業界でも、今求められるのは、こうした姿勢をもつ職業人だ。

「強み」が磨けない状況が続けば、レベルダウンの状態に陥りかねない

とはいえ、「強み」のさらなる強化に向けて、行動を起こすのは容易ではない。私は研修会や講演会などの場で、数多くの現場職員と意見交換する機会がある。強みを磨くという考え方について意見を聞くと、多くの人がそうした姿勢が必要だと賛意を示す。続いて、「では、みなさんに聞きます。みなさんは、明日から自分の強みを磨くための行動に着手できますか」と語りかけると、表情がこわばる。明らかに戸惑った表情をみせる。

ある研修会の場で、「みなさん、表情が硬くなりましたね。どうしましたか」と問いかけると、介護福祉士として働く二〇代後半の職員が、こんな思いを吐露してくれた。

「強みを磨くのは大事だと思うのですが、『これが私の強みです』って胸を張って言えるものが、私にはありません。欠点だったらすぐに思いつくのですが…」

こうした声を耳にするのは決して珍しくはない。自分に対して自信がない。福祉の世界で働く自分にどのような強みがあるのか、胸を張って語れない。そう思い込んでいる人に、これまで数多く会ってきた。

「あえて、胸を張って、これが自分の強みだといえるものが自分はない」「自信をもって、これが私の強みですと示せるものがない」。そんな思いが脳裏をよぎり、「強みを磨きたいけど、磨くべきものがない」。そんな思いで落胆したくなる気持ちは理解できる。が、もし今働く職場で、真の意味で利用者に必要とされる知識と技術と経験をもちあわせた職業人を目指すのであれば、このままで終わってはならない。

「強みはありません」で立ち止まってしまえば、何年経っても、今のレベルにとどまったままで終わる。いや、厳密にいえば、〝とどまったまま〟との表現は誤りだ。ケアマネジャー・介護職員・相談員・事務職員・栄養士・リハビリ職・看護師として、提供しなければならないサービスのレベルは、年々高くなる一方である。それなのに、自分の業務レベルに変化がないとすれば、求められるサービスのレベルはあがり続けているわけであるから、実質的にはレベル低下を意味する。だから、何もせずに終わってはならない。その場で立ち尽くしてはならない。事態の打開に向けて行動を起こすことが、必要とされるのである。

「強み」への感度をあげ、〝自己否定症候群〟の状態に陥った自分を救い出す

では、どうすれば、「強み」を磨く職業人となれるか。その第一歩は、「私には強みなんてない」という自己否定的な姿勢にきっぱりと別れを告げることから始まる。

もし「そんなことといっても私には無理」「どう考えても自分には強みなんてない」との考えから逃れられないとすれば、重度の〝自己否定症候群〟の状態に陥っている可能性が高い。たとえ、そうだとしても心配無用である。これは、不治の〝病〟ではない。次に示す取り組みに着手すれば、深刻な〝自己否定症候群〟の状態から自分自身を救い出せる。

何をおいてもまず取り組んでほしいのは、「強み」に対する眼差しの修正である。もし「強み」を「人並み勝れた点」「胸を張って、ここは自分のすごいところ」あるいは「人並み勝れた何かになる可能性が高いところ」などといった捉え方をしているとすれば、考え方を修正してもらわなければならない。「強み」は、輝かしい何かである必要はないし、他者から『すごい』と認められる可能性がある輝かしい何かである必要もない。

「強み」とは、今、自分が保持する思考・行動特性、価値観、知識・技術、業務姿勢などのなかで、**さらに磨きをかけたいと思う何か**を指す。「まだまだ不十分かもしれないが、自分のなかでは、これが私のいい点だと思うし、さらに磨きをかけたいと思うもの」「人並み勝れたものというわけではないが、私は自分のこの面が好きで、この点にさらに磨きをかけたいと思うもの」を指す。

ポイントは、さらに磨きをかけたい何か、であること。この点が何よりも重要だ。こうした視点で「強み」を探れば、状況を一変させることができる。「強み」を「特別なものでなければならない」「胸を張って、ここが私のすごいところでなければならない」と捉えていた自分を、その呪縛から解放できる。「自分のなかで磨きたいものは何か」を冷静に探り出すことができる。これまでずっと「これはたいしたことない」と思っていた自分のなかの何かが、今後、伸びる可能性がある「強み」であることに気づけるようになる。

この部分は非常に重要なポイントなので、しっかり確認しておこう。なぜ私は「強み」に対する見方を変え、自分のなかにある「強み」に気づく感度をあげるよう推奨するのか。〝自己否定症候群〟の状態に陥り、「強み」を磨けずにいる人は、自分の「いい面」や「強み」を捉える感度が鈍っているケースが多いからである。精神科医の野村総一郎氏が示した見解を借りれば、**自分の欠点に気づくことにかけては非常に敏感**であるが、**強みには鈍感**であるケースが目立つからである。

「強み」を把握し、伸ばすための具体的ヒント

続いて、「強み」を把握し、磨きをかける具体的取り組みを紹介しよう。

いの一番に取り組まなければならないのは、強みを「見える化」する作業だ。自分が今、保持していると思う強み、すでに行動に起こし成果をあげている強み、自分自身としては強みであるかどうか確証はないが、今後伸ばしてみたいと思う自分のなかの何かを思いつくままに、付箋紙に書き出す。

書き出した付箋紙は、机の上や壁などに貼り、どの強みを伸ばしたいと思うか、検討する。伸ば

したいと思う強みを一つ選び、具体的なアクションプランを立案する。どの強みを、いつからいつまでに、どのような手順や方法を用いていくか、明日からすぐに行動に移せる計画を立案する。

例えば、現在有する強み（今後、さらに伸ばしたいと思う自身の持ち味）が「認知症に伴う行動障害のある人に対して、適切かつ冷静にサポートできる」という点であるとすれば、「今年度末までに、認知症に伴う行動障害に対する支援方法の書籍を購入したり、研修会に参加したりするなどして、より専門的な知識を身につける」といった計画を立案する。年度末が近づいてきたら、どれくらい成果があがったかを検証する。うまくいっていることが確認できた場合は、職場内研修の場で身につけたことを発表し、みなで共有できるようにする。もちろん、単年度に終わる必要はない。次年度には、「他の事業所の職員にも、認知症ケアの理論と実践技法について教えられるようになる」といった計画を作成し、実行に移していく。

欠点に対する見方を修正する

〝自己否定症候群〟の治癒には、欠点に対する姿勢と眼差しの修正も必須要素となる。具体的には、次のような取り組みに着手することが必要となる。

第一は、「これは私の欠点」であると思えるものを、「見える化」する作業である。欠点だと思う自己の特性や行動パターンを、付箋紙に書き出す。一枚の付箋紙に、何項目も書き込むのではなく、一項目（一つの欠点）だけ書き入れるようにする。

これ以上、思いつかないという状態になったら、この欠点は、「このままにしておけない」「すぐに修正する必要がある」と思うものを、三つから五つほど選び出す。

選んだもの、すなわち欠点だと思われることについて、人を傷つけるような特性や行動パターンではないか、あるいは自己の能力低下を示すものではないか、検討する。残念ながら、このままにしておくと、人を傷つけたり、信頼を失ったりする公算が大きい場合、あるいは能力低下に陥る可能性が高い場合は、修正に向けた計画を立案し、実行に移す。

欠点だと思って書いた事柄が、人を傷つけるものではない場合は、見方を変えて表現するとの取り組みに着手する。この方法に取り組むと、欠点だと思っていたものが、実は欠点だとはいえないものであることがわかるケースがある。欠点どころか、実は伸ばすべき「強み」であり、長所であることが把握できるケースもある。

例えば、「仕事が遅い」「物覚えが悪い」といった行動特性について考えてみよう。これらは欠点だと認識されるケースが多いが、見方を変えれば、プラスの面を併せもつことがわかる。「仕事が遅い」は、「ゆっくり、じっくりと物事に取り組む姿勢がある」と捉えられる。「物覚えが悪い」は、「ゆっくり、じっくりと物事を理解していくという特性であり、わかったふりをせず、真の理解に至るまで努力する姿勢をもつ」と表現できる。こうしたことにじっくりと取り組んでいけば、時間はかかるかもしれないが、欠点に対して敏感すぎる悪しき行動特性が払拭できるようになる。

参考文献

野村総一郎『人生案内―ピンチをのりきる変化球』日本評論社、二〇一三年。

久田が説く

ここが重要！

“自己否定症候群”を「治療」するためのポイント

- この世に「強み」がない人はいない。ただ、気づいていないだけ。あるいは、「強み」の捉え方を間違えているだけ。
- 「強み」とは、他者に胸を張れるような個性や特性、能力だけを示すのではない。磨けば光る個性や特性、これから自分が伸ばしたいと思う個性や特性、能力なども含まれている。
- 自己のなかに潜む強みに気づけない人は、“自己否定症候群”に陥っている可能性がある。
- “自己否定症候群”の呪縛から逃れるためには、「強み」や持ち味を見える化する作業、すなわち書き出して確認していく作業が必要となる。確認できた「強み」や持ち味のなかから、さらに伸ばしたいものを特定し、強化に向けたアクションプランを作成し、実行に移していく。
- 同様に、欠点の克服に向けた行動にも着手する。修正したい自己の特性や行動パターンなどを列挙し、優先順位の高いものを選び、アクションプランを作成し、実行に移すようにする。

"〇〇主義"との表現に隠された罠に気をつける

第14章 本物の現場主義を貫く職業人になる

私が研修会の場ですべての職種・職階の職員に力説すること

福祉の職場で働く人を対象とした研修会に招かれるたびに、私は参加者に向かって強い口調でこう訴えることにしている。

「利用者本位サービスを担う真のプロを目指すのであれば、本物の現場主義に根ざした業務に取り組んでほしい」

どのような職種や職階の職員を対象とした研修会であるかどうかという点は、一切関係ない。栄養士・調理員を対象とした研修であろうと、看護系スタッフをメインにしたものであろうと、介護職員・支援員・生活相談員・ケアマネジャーを対象としたものであろうと、職業人として共有すべき心構えの一つとして、本物の現場主義を貫く重要性を強調させていただく。経営者や管理職を対象とした研修、指導的立場にある職員の研修、はたまた、新任職員の研修の場合も同様だ。本物の現場主義に根ざした業務の大切さを強く訴えるようにしている。

現場主義が正しく理解されているとは限らない

注目して欲しいのは、本物の現場主義という表現を用いている点だ。なぜ、わざわざ〝本物の〟という前置きをしたうえで、現場主義という表現を使うのか。理由は、これまで数多くの福祉事業所の業務改善に携わるなかで、二つの重要な事実に気づいたからだ。

一つは、福祉の職場では、現場主義が誤った形で解釈されているケースが多いという事実だ。もう一つは、現場主義に対する誤解が、業務レベルの低下や職種間・職階間の対立関係（不信感の増大）を招く大きな要因となるという厳然たる事実である。

これらの事実は、私たちにある重要なメッセージを伝えている。現場主義をどう捉え、どう理解しているかが、ハイレベルな業務を提供する事業所となるか、あるいは、低レベルの業務にとどまる職場になるかを決定づける要因となる。業務レベルの向上に邁進《まいしん》する組織づくりをするためには、自分が今働く職場が本物の現場主義に基づく業務が推進される組織の特徴を示しているか、それとも偽《にせ》の現場主義がはびこり、業務低迷の状態にあるかを見極める作業に取り組む必要があるとのメッセージを発しているのである。

それでは、早速、行動開始だ。本物の現場主義が浸透する組織と偽の現場土義がはびこる組織には、どのような違いがあるか、確認する作業に取りかかろう。

本物の現場主義が共有されている職場の特徴

現場主義を正しく理解し、それに基づく業務が実践されている職場では、現場という概念が幅広い視点で捉えられている。直接利用者とかかわる部署（すなわち介護や相談援助に携わる部署）だけが現場だとの狭い捉え方はしない。すべての部署が現場にかかわっており、すべての職員が現場を支えるパートナーである。すべての職員がそれぞれ自分が所属する部署のなかで、現場を支えるための業務に何らかの形で携わっている。どこの部署にいようとも、どのような職階で働いていようとも、すべての職員が現場を担っているとの認識が共有されている。

こうした職場では、利用者とのかかわりが多い部署で働く職員が「自分たちだけが利用者のことを知っている」「他の部署の職員は利用者と離れたところで楽な仕事をしている」などといった見方をして、他の部署にいる職員の働きを軽視することがないので、部署間での対立関係が生じにくくなる。高いレベルでの信頼関係や協力関係が築きやすくなる。

本物の現場主義が貫かれている職場では、みなが現場のレベルアップにかかわっているとの意識が共有されているため、業務改善に向けても積極的な姿勢を示す。職員一人ひとりが、自分が所属する部署や持ち場で行っている業務について、客観的かつ厳格な姿勢で、本当にこれでいいのか、改める点はないか、点検する姿勢を示す。

点検の結果、改めるべき点が明らかになった場合も、見て見ぬふりをする〝逃げ〟の姿勢に陥ることはない。真正面から、問題点や課題などを見据え、問題解決・課題達成に向けて行動を起こすとの姿勢を示す。必ずやり遂げるとの強い思いをもって、業務改善や課題達成に取り組むので、事を成し遂げサクセスストーリーで終わる公算が大きくなる。

「やればできる」

「みなで業務改善をやり遂げた」

「苦しいこともあったけれど、みなで一致団結して課題達成に取り組み、所期の目標を果たした」

こうした思いが共有されやすくなり、職員のモチベーションが高いレベルに維持できるようになる。働きがいを実感しながら働けるようになる。

偽の現場主義が蔓延する職場の特徴

続いて、本物の現場主義との対極にある、偽の現場主義にはどのような特徴があるかを探ってみよう。決して見逃してはならない重要な特徴は、〝現場〟とは一体どこを指すのかという点で、限定的な使われ方がなされていることにある。現場を担っているのは、一部の部署に所属する一部の職種の職員だけ。具体的にいえば、利用者に対して直接支援を行う部署にいる職員だけが、現場を担っているという捉え方がなされている。

例えば、偽の現場主義に陥った特別養護老人ホームでは、どのような解釈がなされるか。現場を担っているのは、介護部門にいる介護スタッフだとみなされる。実際の介護場面では看護部門にいる看護スタッフとの連携が必要になるので、看護部門までは現場の一員とみなされるケースが多い。

他の部門にいる事務職員、栄養士・調理員、管理職などは、現場とは無縁のところで働く職員との誤った見方がなされる。利用者と直接ふれ合う機会が多いリハビリ職、生活相談員、ケアマネジャーであっても、偽の現場主義にどっぷりと浸かった職場では、一時的にかかわるだけとの誤った見方が示され、現場を担う職員の範疇《はんちゅう》に入らないと判断される場合もある。

「直接介護部門だけが現場で仕事をしている」「自分たちだけが現場を担っている」との意識がもたれてしまうと、極めて危うい事態が発生しやすくなる。自分たちだけが現場を担っているんだから、〝現場〟にいない他の諸部署の職員からは余計なことは言われたくない。他部署の職員や管理職員から意見や提案がなされると、「現場も知らないくせに余計なことを言う」と猛烈な反発姿勢を示すといった事態の発生である。

この状態を放置すれば、職場は一部の部署に所属する職員に牛耳られるようになる。日々の業務をただ漫然とこなすだけで、振り返ることをしない職員が権力をもつようになる。

偽の現場主義の払拭に向けて取り組むべきこと

この状態から脱却し、職場を正しい方向に導いていくためには、どうすればいいか。そのためには、次に示す三つの取り組みへの着手が必要となる。

■取り組み①

すべての職種、職階、部署で働くすべての職員が、現場を担う貴重なパートナーであるという意識を職場全体に広めていく（この意識が職場全体に浸透するまで、何度も何度も繰り返し、訴えていく）。

■取り組み②

各職種、職階、部署の職員がそれぞれどれくらい重要な役割や使命を担い、果たしているか、職員全体で何度も何度も繰り返し再確認する（みなが相互の役割や使命を理解するまで、繰り返し説明する）。

■取り組み③

全職員に「偽の現場主義浸透度自己チェックリスト」（一四六、一四七ページ参照）にチャレンジするよう働きかけ、福祉の職場で働く自分自身が、偽の現場主義の姿勢に陥っている可能性がないか、点検してもらう。その結果、改めるべき点が明らかになったときには、改善に向けて行動を起こすよう指示を出す。

ここで紹介する自己チェックリストは、現場主義の捉え方を間違え、低レベルの業務に陥った職員の思考・行動特性を吟味したうえで作成したものである。各チェック項目に目を通して、「どちらかというと自分はこの傾向にある」と思う場合はチェック欄に✓点を入れる。「この傾向はない」と思う場合は、✓点は入れない。どちらか迷った場合は、✓点を入れる。✓点がついた項目に関しては、チェックが外せるよう行動を起こせば、偽の現場主義の呪縛から自らを解き放つことができる。自己を解き放てば、あなたの職場はもう安心だ。本物の現場主義が浸透する職場へと導くことができる。

□ **6** 過去１年間、自分が所属する職場にどのような課題や問題があるか、点検したことがない。
把握できた課題や問題に対しては、改善計画を立案し、実行する。そして、その結果、業務改善を着実に成し遂げたという経験がほとんどない。

□ **7** 一定以上の勤務経験があるのに、他の職員から一目置かれるようなスキルや技術を身につけていない。
この点は誰にも負けないという職業人としての強みの部分を示せない。

□ **8** 過去３年間（あるいは就職してから現在まで）の職業人としての歩みを振り返ったとき、どのような成長を遂げてきたのか、他者に胸を張って説明できない。

□ **9** 職場をもっといいものにするために、どうすればいいか、具体的な提案を上司・同僚・先輩等に示したことが過去１年間、一度もない。

□ **10** もっといい職員となるためにはどうすればいいか、後輩から相談を受けることがほとんどない。
職場をもっといいものにするためにどうすればいいか、上司から意見を求められることがない。

Check

偽《にせ》の現場主義浸透度自己チェックリスト

□ 1 福祉の職場における現場は、直接、介護や支援を行う部署だけだと思い込む傾向がある。
栄養ケア、相談援助、リハビリ部門がどれくらい重要な役割を担っているか、十分に理解していない。他部門が現場を担う重要なパートナーだと意識することがない。

□ 2 利用者の支援や介護を行う部署で働く職員だけが、現場を理解しているという考え方をしている。
直接支援・介護に携わる職員が、一番現場のことをわかっていると思っている。他の部署にいる人や管理職は、現場のことがわかるわけがないとみなす傾向がある。

□ 3 自分が行っている業務に対して、他部署の職員や管理職が「こうした方がいいですよ」「この点は見直した方がいいでしょう」などとアドバイスや見直しを求める発言をすると、つい不快感を抱いてしまう。
誰かが業務改善に向けた提案をすると、提案の中身を十分に吟味もせず、即座に「余計なことを言う」と否定的な見方をしてしまう。

□ 4 新たに就職してきた職員が、先輩である自分たちが行っている業務に対して疑問を呈するような発言をすると、理想論ばかり並べ立て現場のことがわかっていないと批判的な見方をしてしまう。

□ 5 知識や技術を磨くために勉強したとしても、頭でっかちになるだけで、何の役にも立たないと思う傾向がある。
その結果として、自分の知識や技術を高めるための取り組みを、過去1年間、一度もしたことがない。

ここが重要！

本物の現場主義を浸透させるためのポイント

- 「現場主義」の捉え方を間違えると、職種間の不協和音や対立関係ができあがってしまうことがある。協力関係の崩壊により、業務レベルの低下も同時発生する。

- 本物の現場主義を貫く事業所と偽《にせ》の現場主義に陥っている事業所には、どんな違いがあるのか、理解に努める。これが本物の現場主義を推進し、偽の現場主義を払拭する原動力となる。

- 現場とはどこを指すのか、理解の仕方を間違えない。すべての部署・専門職が現場とかかわっている。現場を支えている点を職場全体の共通認識とする。

- 他部署がどのような使命達成に向けて働いているのか、他の職種職員がどのような使命のためにどのような働き方をしているのか、理解するための取り組みに着手する。相互に違いを認め、リスペクトし合うことが、真の現場主義推進の重要な一歩となる。

- 他職種職員、他部署所属の職員からの問題点や課題の指摘は、ポジティブな姿勢で受けとめる。その指摘は、宝物であるとの捉え方をする。

あるべき姿を貫く職業人になる

第15章 真面目に誠実にひたむきに働くとは何を意味するのか、正しく理解する

職業人として働く人が堅持すべき姿勢

真面目に誠実にひたむきに、働く。この姿勢をベースにしながら、一つひとつの業務を着実にやり遂げていく。これは、すべての職業人に求められる基本姿勢の一つである。

どのような雇用形態、職種、職階であろうとも、組織メンバーとして働く人は、常にこの姿勢をベースとして働かねばならない。組織も、職員・従業員・社員がこの姿勢を堅持しながら働くよう、繰り返し何度も何度もあらゆる手段を使って伝え続けていかねばならない。顧客に対する社員の姿勢や態度に、真面目さや誠実さに欠けるもの、あるいはひたむきさに欠けるものがあれば、組織は存続の危機にさらされることがあるからだ。たとえ一部の、あるいは一人の社員の不適切な行動であっても油断できない。「社員教育ができていない会社は信用できない」と取引停止を言い渡され

るケースもある。顧客離れの憂き目に遭い、経営が立ち行かなくなることもある。

業績絶好調の大企業も決して例外ではない。社員および会社の姿勢が、「真面目さに欠ける」「誠実ではない」「一生懸命さやひたむきさに欠ける」と判断されれば、ひとたまりもない。顧客離れにつながり、倒産の危機に瀕してしまう。ここ一〇年の間に、そんな経験をした大企業の例は枚挙《まいきょ》に暇《いとま》がない。

今、圧倒的多数の業界で共通の合い言葉となっているのは、「油断大敵」である。現時点でどんなに業績がよくても、明日もその状態が続くとは限らない。だからこそ、決して油断しない。ちょっとした油断や気の緩みが、長い年月をかけて築きあげた顧客からの信頼を失うことにつながる場合がある。長年の努力が、ちょっとした油断によって地に落ちることがある。だからこそ、「油断大敵」という言葉を常に意識しなければならない。社会からの評価が地に落ちることがないよう、常に課題発見、問題解決意識を持ち続けなければならない。

同時に求められるのが、顧客に対しても、自分が行う一つひとつの業務に対しても、〝真面目に誠実にひたむきに〟を貫くという姿勢である。しかも、ポーズだけではない。顧客にその姿勢が確実に伝わるよう、一人ひとりの組織メンバーが責任をもって行動する。これが、今、職業人として働く人の共通認識となっている。

福祉の職場ではどうか

では、福祉の世界はどうだろうか。多くの業界で共通認識となっている「油断大敵」は、共有されているだろうか。〝真面目に誠実にひたむきに〟が常に維持すべき姿勢であり、それを行動として示す。この極めて重要なポイントが、組織レベルでも、個人レベルでも共有されているだろうか。

残念ながら、現実はそうなっているとはいいがたい。組織レベルでも、あるいは個人レベルでも、真面目に誠実にひたむきに業務を行っているとはいえない状況を目の当たりにするケースがある。

最も大きな原因の一つは、〝**健全なる危機意識**〟の欠如である。福祉以外の業種・業界では、顧客の立場は極めて強い。取引をする立場、商品を買う立場、サービスを受ける立場の組織や人は、その内容に納得できない場合、あるいは、不適切だと思われるものがあった場合、その場で不満の意を表明できる。納得がいかない対応を受ければ、取引停止が宣言できる。

個人客であっても、その力を侮ることなどできない。二度とその店に足を踏み入れないとの判断が下せるし、真面目さ・誠実さ・ひたむきさに欠けていたとの印象をネット上に書き込み、マイナスイメージが一気に拡散してしまうこともある。こうした状況にあるので、サービスや商品提供にかかわる組織や個人（いわゆる会社や社員、従業員）の危機意識は極めて高いレベルにキープされやすい。「油断大敵」という意識をもって業務に携わる姿勢が組織全体で共有されやすい。

一方、福祉の職場の場合は、極めて対照的だ。利用者の立場は決して強くない。認知症や知的障害を伴う利用者の場合は、不満や納得できないことがあっても、それを明確な形で表明できないケースが少なくない。サービス提供者側にいる職員が思いを把握しようとの姿勢を積極的に示してくれなければ、不満の意思表示を理解してもらいにくい立場にある。

ある一定の意思表示が可能な利用者であったとしても、自由に思いを伝えられる立場にあるとは限らない。食事、入浴、排泄、着替えなど、基本的な生活の面で介護・支援を受ける立場になると、どうしても「お世話になっている」との意識が脳裏をよぎりやすくなる。支援の方法や内容に不満があったとしても、よほどのことがない限りは声をあげられないという状況にあるケースが少なくない。

福祉の職場で働くすべての人は、利用者がおかれた状況を正しく理解する必要がある。クレームが寄せられてこないからといって、必ずしも満足度が高いとは限らない。常に、「今のままの業務レベルでいいか」と、自問自答する謙虚な姿勢が必要となる。いつ何時も、真面目に誠実にひたむきな姿勢で職務にあたる。そんな決然たる思いをもって働くことが求められるのである。

経営管理に携わる立場の職員は、組織全体あるいは自らが責任をもつ部署レベルで、この重要な姿勢が浸透するよう、力を尽くしていかねばならない。

単に〝真面目に誠実にひたむきに〟と叫ぶだけでは、レベルアップは図れない

ただし、現実は厳しい。〝真面目に誠実にひたむきに〟を標榜するだけでは、プロと呼ぶにふさわしいハイクオリティな仕事ができるようになるとは限らない。かけ声だけで終わり、業務レベル

の向上が図れずに終わるケースもある。その典型的な例を、次に紹介する。

＊　　＊

生活型の高齢者施設で介護職員として働くAさんは勤務歴一五年。職場内ではベテランの地位にある職員であった。仕事に対する自己評価はオールA。本人としては、「日々の業務を着実にこなしている」「決められた時間に決められた業務を無事こなしている」との思いがあったからだ。

しかしながら、他の職員の見立てはまったく違った。「忙しそうに動き回り、一見すると、一生懸命仕事をしているかのようにみえるが、職員として十分かつ適切な業務をしているとはいえない」との厳しい評価が下されていた。利用者の見方も同様に厳しかった。「Aさんは、いつも忙しそうに動くばかりで、声をかけても立ち止まってくれない。だから何か頼みたいことがあっても、がっかりするだけなのでAさんに頼むことはしない」との見方がなされていた。

＊　　＊

なぜこのような厳しい見立てがなされていたのか。理由を説明するのは難しくない。Aさんの働き方が、決して〝真面目に誠実にひたむきに〟とはいえない、不適切かつ不誠実なものになっていたからだ。

一見、忙しそうにしていたが、それは多くの重要な業務を責任をもってこなすという姿勢から生じたものではなかった。心理的に負担度の低い業務を不必要に抱え込み、他の業務ができない状況をわざとつくり出す。結果的に、負担度の高い業務は他の職員が担うはめになる。Aさんが他の職員から厳しい評価が下されていたのは、本来自分も担うべき業務を他の職員に押しつけていたためだ。負担度の高い業務から逃げようとする**高負担業務回避型**の業務スタイルに陥っていたことが、大きな原因となっていたのである。

利用者から不評を買っていたのも、こうした業務スタイルに陥っていたからに他ならない。利用者を支えるという業務を放棄し、心理的に楽な業務に逃避し続けていた。利用者がおかれている状況に思いを寄せ、一つひとつの声や意思表示にきめ細かく対応することが最も重要な業務であるはずなのに、それを避ける姿勢を示したことが、利用者に不信感を抱かせる大きな原因となったのである。

実態あるものにするために取り組むべきこと

〝真面目に誠実にひたむきに〟をかけ声だけで終わらせず、着実に業務レベル向上につなげていくためにどうすればいいか。そのためには、次に示す三つの取り組みが必須となる。

■取り組み①：〝真面目に誠実にひたむきに〟働くとは何を指すか、その意味を正しく理解する

真面目とは、一般的には、嘘偽りやいい加減なところがなく真剣に物事に取り組んでいく、との意味で使われる。ここでいう〝真面目に〟もこの意味で用いる。職業人として嘘偽りがないことを指す。

「守るべきルールや果たすべき使命をきちんと把握していない」「把握していたとしても頭の中だけの理解で守らずに終わらせる」というい加減さがない。福祉専門職として守るべきルールやマ

ナーは必ず遵守するし、果たすべき使命は真剣な態度で必ず全うする姿勢を示すとの意味で用いられるものである。

〝誠実に〟とは、真心をもって業務にあたるとの意味だ。職員としての立場から一方的な視点で利用者をみるのではなく、常に利用者の立場に立ち、どのような思いを抱いているのか、どのような生きづらさに直面しているのか、思いを汲み取る姿勢を示す。利用者の思いや願いを常に第一に考えながら、最善のケア提供を目指すとの姿勢を指す。

誠実さが求められるのは、すべての業務に対してだ。利用者に直接働きかける業務はいうまでもなく、その他の間接業務にも誠意をもって取り組む。共に働く同僚、後輩、部下、先輩、上司、さらには他事業所、他機関で働く専門職に対しても、常に誠実な態度で接する。相互に理解し合うという謙虚な姿勢をもって接することが、求められているのである。

〝ひたむきに〟とは、強い覚悟と忍耐力をもって、やるべきことに力を傾注していくという意味だ。職業人として守るべきルールやマナーについては、必ず守りながら働くとの決然たる姿勢を示す。利用者に対して、常に誠実な姿勢で接する。日々の業務を誠実にこなしていくという姿勢も、一切の妥協なしに貫いていく。ただひたすらに、やるべきこと、成すべきことをやり遂げていく。そういった気概をもって働くとの意味である。「時間がないから無理だ」「人員不足だから無理だ」などと〝できない理由探し〟に奔走するのではなく、さまざまな制約があるなかで、いかにしてやるべきことを成し遂げていくかを考えるという姿勢を貫く。そういった意味が込められているのである。

■取り組み②：本来の意味を理解し、自分自身がその意味に基づく行動が取れているかチェックする

これは①の取り組みが十分に行われれば、簡単に取り組める。はたして自分自身や共に働く職員が〝真面目に誠実にひたむきに〟働いているか、一つひとつの業務を点検しながら現状を確認する。十分にできている点とできていない点を列挙する作業にとりかかる。

十分にできている点については、今後も継続して行っていく。さらなるバージョンアップにもチャレンジする。できていない点、すなわち不十分な部分が確認できたら、次のステップで確実に問題解決を図っていく。

■取り組み③：不十分な部分が確認できた場合は、改善目標を立案したうえで行動を起こす

ここでは、何が不十分な状況を生み出す原因になっているのか、分析する作業に取りかかる。原因が特定できれば、改善策を打ち出すのは難しくない。どの問題を、どのような手順や方法で解決していくか、具体的改善策を立案し、実施していく。

こうした取り組みの積み重ねが、〝真面目に誠実にひたむきに〟業務をやり遂げていく職場づくりにつながっていく。職員個々のレベルでいえば、職業人としてのさらなる飛躍と成長につながっていくのである。

久田が説く

ここが重要！

〝真面目に誠実にひたむきに〟を行動で示す職業人になるために留意すべきポイント

- 職業人としてどのような姿勢を堅持することが求められるのか、常に意識するようにする。この姿勢を忘れると、易きに流れる職業人に成り果ててしまいやすい。

- “真面目に誠実にひたむきに”は、語るだけで終わらせるのではなく、行動で示すべきものである。その姿勢を示しているかどうかを判断するのは、利用者自身である。自分ではできていると思っていても、利用者からは「不十分だ」との厳しい評価を受けている場合がある。

- 福祉の世界で働く人にとっての真面目さは、法令遵守だけでなく、福祉専門職としての倫理規定を遵守することも指す。行動規範に則った働きをするとの意味が含まれている。

- 福祉職員に求められる誠実さとは、職員目線から物事を考えるのではなく、利用者の立場にたちながら、真心をもって業務に取り組む姿勢を指すものである。

- ひたむきに働くとは、常に強い覚悟と忍耐力をもって、やるべきことに力を傾注しながら業務に当たるとの意味を指している。

まずは自分が心のゆとりと安寧をもたらすキーパーソンになる

第16章 職場に元気と希望と安心感をもたらす行動習慣を身につける

業務レベルが高い職場の共通点

業務レベルが高い職場には、さまざまな共通点がある。とりわけ重要なのは、次の三点だ。

第一は、健全なる危機意識が職場全体で共有されているという点。今、職場内（事業所内、チーム内）にどのようなリスクがあるのか。それを直視する姿勢が共有されている。

第二は、情報共有が秀逸であるという点。部署内やチーム内はいうまでもなく、部署間・チーム間でも情報が共有されている。どの部署で何が起こっているか、どのチームがどのような問題や課題に直面しているのか、情報共有がなされているので、必要なときに助け合える組織風土ができあがっている。相手から「助けてください」と明確な要求が示されなくても、自然な形で助け合う。それが日常の当たり前の風景になっている。

優れた職場では職員の表情が輝いている

そして、ぜひ注目して欲しいのは第三の共通点だ。すばらしい実績を示す職場では、職員の表情が輝いている。ちょっとした仕草や言動から働く喜びや使命感、責任感が伝わってくる。介護職員、相談員、ケアマネジャーなど直接利用者に接する職員の場合は、利用者に対する言葉遣い、態度、姿勢から、プロとしての凄さと包み込むような優しさが伝わってくる。誰に対しても、一人ひとりの想い、願い、個性、特性などを最大限尊重した支援に徹する。相手のプライドや尊厳を重視した接遇スタイルを貫く。困難な言動を示す利用者に対しても、冷静沈着に対応する。何が当事者である本人に困難をもたらすかを見極め、利用者を困難な状態から解き放つようサポートがなされている。利用者本位のサービス理念に基づくプロフェッショナルな支援が、常に心がけられている。

他方、業務レベルが目を覆うばかりの低空飛行状態にある職場は対極の特徴を示す。職員の表情や言動から働く意欲や喜びが伝わってこない。多くの職員が、「だめだ。この職場は！」と投げやりな言動や姿勢を示す。

新たに働き始めた職員のモチベーションは高いが、決して長続きしない。ごく短期間でモチベーションややる気は失速状態に陥る。沈鬱な表情で働く姿が、目立つようになる。当

初は、優しい言葉遣いや態度で利用者に接していたが、数か月のうちに、先輩たちがみせる悪しき言動をコピーし始める。利用者を突き放すかのような、きつい冷たい言動を示すようになる。多くの場合、こうした姿勢はエスカレートの一途を辿る。悪しき手本をみせた先輩のさらに上を行く、不適切な言動や接し方にも手を染めるようになる。

こうした状況が続けば、職場の業務レベルの低下は止まらなくなる。底なし沼の状態に陥ってしまう。

始まりはいつも一人の職員から

万が一、読者のみなさんが働く職場が、このような状態にあったとしても、落胆する必要はない。今は苦しい状況にあったとしても、変化に向けた第一歩を踏み出すことはできる。

なぜこう主張するのか。答えは簡単だ。どんな職場も完璧ではない。問題や課題はある。創設後、順風満帆に成長してきた組織であっても、苦難のときを迎えることはある。今は業務レベルが高く、多くの職員が強い使命感をもって生き生きとした表情で働く職場も例外ではない。それまでの歴史を振り返れば、何度か危機的状況を経験している。数々の危機を乗り越え、今に至っている。

大切なポイントなのであえて、声を大にして強調したい。長年に渡りすばらしい業績を収めている大企業であっても、非の打ち所がない組織など、この世に存在しない。どんな組織も事業所も、危機を迎えることがある。職場全体が低迷状態に陥り、社員の表情に陰りが目立つようになることがある。

そうした状況を変えるには、経営に携わるトップリーダーの固い決意と行動が必要なのはいうまでもない。しかし、それだけで、状況が好転した組織など一つも存在しない。組織をあるべき方向に導くうえで、トップリーダーに負けないくらい重要になるのは、今そこにいる社員の決然たる姿勢である。

「このままではいけない」という健全なる危機意識と、「何とかしてこの状況を変えなければ」との思いを抱く社員の存在である。こうした思いを抱く社員は、ごく少数でもＯＫだ。職場風土の改革は多くの場合、一人か二人の思いを強くする社員から始まるという厳然たる事実が存在するからだ。

福祉の職場の場合も例外ではない。業務レベルの向上を果たした福祉の職場には、必ず一人か二人のキーパーソンが存在する。レベルアップのきっかけとなる行動を起こす勇気ある職員がいる。「この職場をよくしたい」「明るく楽しく元気に働ける職場にしたい」。こうした思いを行動に移す職員がいる。

彼らの行動パターンは、極めてシンプルだ。まずは自分が率先して、明るく、楽しく、元気に働くよう努める。同時に、共に働く先輩、同僚、後輩が楽しく安心して働けるようさまざまな工夫をしていく。他の職員を心からサポートするとの姿勢を示す。

彼らの行動は、他の職員の心に大きな変化をもたらす。「ここには私のことを支えてくれる職員がいる」という安心感が抱けるようになる。「ここで働くと楽しいし、元気が出る」。そんな思いが強く抱けるようになる。明るく、しかも、凛とした姿勢で働く職員の姿をみて、「この職場はもっとよくなる」という希望がもてるようになる。

こうした思いが、チーム内、部署内で共有されるようになる。一人か二人という少数の取り組みが、チーム内、部署内へと広がりをみせていく。さらには、多くの職員が共有するものへと発展していくのだ。

明るく元気に楽しく働ける職場にしていくためには、その方向へ導く職員の存在が不可欠となる。もし自分の職場に、その役割を果たしてくれる職員がいない場合は、どうすればいいか。最も手っ取り早く現実的なのは、自分がその役割を担うことだ。

こう主張すると、「いいえ。私にはそんな才能はない」と首を横に振りたくなる人がいるかもしれない。しかし、自分は無理だと決めつけるのは早計だ。職場に希望と元気と安心感をもたらす職員は、特別な能力をもち合わせているわけではない。誰も真似できないことをしているのでもない。「この職場を夢と希望をもって働ける職場にしたい」との強い思いをもって行動を起こしているだけだ。

学ばなければならないのは、彼らは思いを現実のものとするために、どのような行動を示しているかだ。この点を理解すれば、準備万端だ。誰もが、職場に元気と希望と安心感を与えるキーパーソンになれる。

それでは、早速行動開始だ。元気と希望と安心感をもたらす職員となるための行動パターンの習得に、取りかかっていこう。

元気と希望と安心感をもたらす職員となるための行動パターン

①**笑顔を絶やさず、明るい姿勢で働く姿勢を貫く**

誰に対しても、素敵な笑顔をみせながら働く。利用者はいうまでもなく、周りにいる職員にも安心感を与える。

②**きびきびした姿勢で働く**

はつらつとした姿勢は、見ている人の気持ちを晴れやかにする。動きから働く意欲や喜びが伝わってくる。周りで働く人もテンポよく、いいリズムで働けるようになるとの効果をもたらす。

③**誰に対してもプラスの視点で捉えるという姿勢を貫く**

たとえ、対応が困難な行動を示す人に対しても、マイナスの視点で捉えるような姿勢は示さない。「何が彼を（彼女を）そのような状況に追い込んだのか」、原因を明らかにしたうえで解決に向けて行動を起こすとの姿勢を示す。

④**他の職員が強い負担感を抱きながら行っている業務をさりげなくサポートし、負担感を軽減するよう努める**

負担感を抱く業務をさりげなくサポートしてもらえる環境ができあがると、人は安心感を抱きながら働けるようになる。支えてもらったという経験がある人は、支えてもらうことの大切さを経験しているので、後《のち》に人を支える人へと成長することが多い。

⑤**嫌なことがあったとしてもうまく気持ちを切り替え、翌日に持ち越さない**

うまくいかないことがあっても、あるいはその日のうちでは解決にまでいかないことがあっても、「はい、もうこれで終わり！」と強制的に自分の気持ちを切り替えるという姿勢を示す。あえて強制的に切り替えると心が楽になる。その結果、翌日、解決策が突如ひらめくというケースも少なくない。人は追い詰められると冷静な判断ができなくなる。リラックスすると、本来もっていた力がフルに発揮できるようになる。

⑥ できないことがあるときには、無理せず、謙虚に人の力を借りるという姿勢を示す

何かうまくできない業務があることや、人の力を借りなければならないことを隠さない。助けてもらったことに対して、丁寧にお礼の気持ちを示せば、教えた側もうれしい気持ちになる。また教えようという気持ちにもなる。同時に、自分が「役に立っている」ということが確認でき、モチベーションの向上につながる。

⑦ 常に「今どこにいなければならないか」、自分の位置を確認しながら働く

利用者や他の職員が自分を必要としているときに、すぐにサポートできるよう、常に「今、どこにいればいいか」位置取りを考えながら働く。利用者や職員からすれば、サポートしてほしいと思ったときに「そこにいる」ので、安心して過ごせるようになる。

⑧ 利用者支援・介護に対する技術を徹底的に高めるとの姿勢をもち続ける

他の職員から一目おかれる高いスキルと実績が示せるようになれば、情緒面での手厚いサポートが必要な利用者が安心して過ごせるようになるし、また他の職員も、リラックスした気持ちで働けるようになる。誰が高度なスキルをもっているかがわかるので、「どう接すればいいか」、誰に質問すれば適切な答えをもらえるかがわかるようになる。

⑨ 感謝の気持ちを伝える達人となる

当たり前の業務であっても、それをやってくれた職員に感謝の気持ちを伝える。「私がみなに元気を与えている」という姿勢ではなく、「私のほうこそみなから元気をもらっている」という姿勢を示す。十分な働きが今できていない職員の〝できている〟ところやプラスの点をみつけて、過剰ではなく、さりげない形で、「この点がすごい」「私もこの点をぜひ見習いたい」と賛辞を贈る。誰もがすごい何かをもっていることを、さりげなく伝えるようにする。

⑩ 利用者支援の基本は共感的姿勢にあることを他の職員に伝えていく

利用者本位のサービス提供の必須要素は、共感的姿勢である。その姿勢を率先して示すよう努める。共感的姿勢が貫かれている職場では、利用者の安心感、納得度が高く、利用者が落ち着いて過ごしており、家族の満足度が高い。職員も、利用者や家族に喜んでもらっていることが実感できるので、自信をもって業務に携われるようになる。明るく元気に希望をもち、安心して働けるようになる。

久田が説く

ここが重要！

職場に元気と希望と安心感をもたらす職員となるために留意すべきポイント

- 業務レベルが高い職場には、危機意識が共有されている。情報共有システムが秀逸である。職員の表情から働く喜びや誇りが伝わってくるとの共通点がある。

- 職場をよくしていく試み、すなわち、業務レベルの向上に向けた取り組みは施設長、理事長、社長から始まるとは限らない。多くは、一人の職員の行動から始まるものである。だからこそ、業務改善に取り組む際には、まずは自分の手の届く範囲から始めるとの意識が必要となる。

- 職場の業務レベル向上に携わる人となるには、笑顔と優しさ、そして、誰に対してもプラスの視点で捉えるという姿勢を、習得、堅持しなければならない。

- うまくいかないことや不快なことがあったとしても、その思いを翌日に残さぬようにするための工夫をする。

- 周りにいる各職員の個性や特性を的確に捉えるよう努力する。どのようなポジショニングをすることが、利用者に安心感を与えるものとなるのか、考える習慣をつける。

- 感謝の気持ちが伝えられると、人の心はリラックスする。安心感が実感できるようになる。ただし、安心感は以心伝心では伝わらない。相手にわかりやすく具体的に伝える工夫が必要になる。

三つの段階で実施すべき、対応の基本指針を習得する

第17章

苦情や批判を宝と捉え、レベルアップに向けた教訓を学ぶ

現場で働けば直面するつらい経験

福祉の実践現場である一定期間働けば、多くの人が何らかの形で経験するつらい出来事がある。自分が行う業務に対して、利用者あるいは家族から、「不十分だ」「納得がいかない」「求めるレベルに達していない」といった厳しい指摘を受けるケースである。

方法はさまざまだ。ちょっとした仕草や間接的な物言いで、「業務手順や方法、接し方に納得がいかない」との思いが示される場合もあれば、「ちょっといいですか?」と

声をかけられ、面と向かって厳しい指摘がなされる場合もある。また、事業所内に設置された苦情解決の窓口（あるいは苦情解決の第三者機関である都道府県運営適正化委員会の窓口）に、「利用するサービスに問題がある」「納得できない」「不満である」と正式な形で苦情の申し立てがなされるケースもある。

どのような形であれ、自分が行っている業務に関して、利用者や家族から不満の意思表示を受けるのはつらく、苦しい経験だ。頭のなかでは、利用者や家族には「不満の意思表示をする権利がある」「苦情を申し立てる権利がある」とわかっていても、いざ自分が不満や苦情の矢面に立たされると冷静ではいられなくなる。

「私が何をしたというのか」

「心を尽くして業務を行ってきたのに、どうしてお叱りを受けなければならないのか」

「他の職員と同じような手順や方法で業務を行っているのに、なぜ私だけが批判のターゲットになるのか」

こんな思いで胸が張り裂けそうになる。

正式な形で苦情の申し立てがなされた場合は、誰もが経験するほろ苦い経験というレベルでは終わらない。事実誤認による訴えの場合は、心身共に大きなダメージを受ける。あまりのつらさにうちひしがれ、立ち直れなくなるケースもある。

他者に対する不満や苦情の表明でも影響は皆無ではない

不満や苦情が、自分ではなく他の職員に寄せられた場合でも影響は小さくない。同じ部署やチーム内で働く同僚、後輩、先輩職員は共に働く身近な存在だ。不満や苦情に結びつくような不適切な事実が存在し、それがクレームとして申し立てられた場合は、「私は関係ない」と知らんぷりできない。心が大きく揺さぶられる。とりわけ強く心を揺さぶられるのは、次のいずれかに当てはまるケースだ。

一つは、不満や苦情を寄せられた職員の働きぶりに問題があることは知っていた。その状態が続けば、いつか苦情が寄せられるとの予見があった。それなのに、自分は何も行動を起こしていなかった。見て見ぬふりの状態になっていた。日頃、仲良くしている同僚であれば、「そのような接し方はやめた方がいい」「先ほどの利用者に対する言動は強すぎたので改めた方がいい」と言えたはずなのに、沈黙を貫いていた。

この事実が心に重くのしかかる。「利用者や家族からすれば、知っていたのに何も行動を起こさなかった私自身も不適切な業務への加担者とみなされるのではないか。批判の対象となるのではないか」。そんな思いで心が大きくかき乱される。これが心穏やかではいられなくなる原因の一つである。

もう一つは、たまたま指摘を受けたのは他の職員であるが、実は自分自身もその職員と同じような姿勢で働いていたというケースだ。それがわかっているだけに、動揺は隠せない。本来は、自分自身も責めを負わなければならないのに、口を閉ざしている。利用者や家族から厳しい批判の声が寄せられた職員は針のむしろに座らされているのに、自分はダンマリを決め込んでいる。「今回、反省しなければならないのはその職員だけではありません。私も利用者、家族の方々にお詫びを入れなければなりません」と自ら正直に申し出ることができない。後ろめたさや自責の念で胸が張り裂けそうになる。

期待感の高まりが、強い不満の表明につながるケースもある

利用者や家族から苦情を申し立てられる可能性があるのは、直接利用者にサービスを提供する介護職員や生活支援員とは限らない。ケアマネジャーとして働く人も、深刻かつつらい状況に追い込まれることがある。利用者や家族は、サービス利用に至るプロセスのなかで、ケアマネジャーと何度もやりとりをする。「何かあったときには、ケアマネジャーに言えば解決してくれる」との期待感を抱くようになる。

期待感は、二つの相反する特性をもつ。物事が期待通りに進んでいる場合は、相手に対する信頼感の向上に寄与する。しかし、期待通りに進まなくなると、不満がマグマのように溜まり始める。期待感が大きければ大きいほど、その度合いは強くなる。批判や不満の表明につながりやすくなる。

ケアマネジャーがおかれているのはまさにこの状況だ。ケアプランのなかに盛り込んでもらった介護サービスへの満足度が高い場合、厚い信頼を得ることができる。しかし、サービスへの満足度が低い場合、あるいは利用者や家族がケアマネジャーに相談したことがすぐに解決しない場合、関係が危機的状況に陥ってしまいやすい。強い口調で批判の声を浴びることもあれば、「ケアマネ

のだから責任を取って欲しい」との強い要求を突きつけられるケースもある。

不満の表明が意味すること

もちろん、今、利用するサービスには納得していないが、たとえ何があろうともケアマネジャーへの信頼は揺らがないとの姿勢を貫く利用者や家族もいる。しかし、そうした利用者や家族であっても、ケアプラン作成の結果、利用することになったサービスに「納得がいかない」との意見が寄せられれば、ケアマネジャーの心は揺り動かされる。自身ではなく、利用するサービスに対する批判の声であったとしても、心は大きく動揺する。

ケアマネジャーとしてキャリアを積んでいけば、自分がかかわる介護保険事業所の実情が把握できるようになる。サービス内容については、直接、事業所を訪ね、自分の目で確認する場合がある。利用者や家族、あるいは他の専門職から評判を聞く場合がある。事業所の職員や関係者と話をして、情報を得る機会もある。こうした経験を通して、各事業所の強みや弱みを理解できるようになる。たとえ、きつい口調ではなくとも、利用するサービスについてケアマネジャーである自分に不満の声が寄せられたとき、心穏やかではなくなる原因の一つはまさにここにある。

ケアマネジャーとして働く人と意見交換をすると、苦情として申し立てられることは、その内容をみると、実は初耳ではないことが多いという。その事業所に苦情や不満の対象となるような事実が存在することは、実は、これまでのかかわりを通してすでに把握していた。「この点はまずいんじゃないかな」「修正した方がいいんじゃないかな」という思いは実は以前からあった。しかし、それを事業所に伝えることはしていなかった。

これが、ケアマネジャーの心を大きく揺さぶる原因となる。ケアマネジャーの心に、「こうした問題があるという点はすでに気づいていたのに、何も行動を起こしていなかった。苦情の申し立てがなされる前に、きちんと事業所側に是正の申し入れをしておけばよかった」「遠慮せず気になることを指摘しておけばよかった」「日頃から付き合いがある事業所だったのだから、深刻な苦情案件の発生を防ぐために、どのような手立てが必要か、アドバイスしておけばよかった」「一緒に、適切な業務の推進に向けて学び合う機会をもっておけばよかった」との思いがよぎるからである。

三つのステージから構成される取り組みにチャレンジする

不満や苦情が表明された場合、サービス提供にかかわる人の心は揺さぶられる。指摘の対象となった職員だけでなく、共に働く他の職員の気持ちも揺さぶられる。

影響を最小限に抑えるためには、次に示す三つの段階で何をするのか、職員間で共通認識をもつことが必要となる。

① “不満の芽”や“苦情の芽”の段階、不満の表明や苦情申し立てがなされる前の段階で、自ら進んで適切かつ十分な対応をし、不満や苦情へと発展することを防ぐ。

② 苦情が正式な形で申し立てられた段階においては、速やかかつ適切に対応し、スムーズに解決に至るよう努力する。

③ 解決後の段階においては、同様のことを繰り返さないよう、発生した事態から教訓を学ぶ取り組みに着手する。

各段階で、実際に、どのような取り組みに着手する必要があるのか。続いて、適切な行動を取るための具体的指針を紹介する。まずは、読者であるあなたが、各段階でどのような動きをすることが求められるのか理解を深める。理解した内容を職場の同僚、後輩、部下、先輩、上司等と共有する。職場全体で、行動を起こしていく。そんな取り組みが求められているのである。

それでは、行動開始だ。次に示すポイントに目を通し、①苦情申し立てがなされる前の段階、②申し立て後の段階、そして、③解決後の段階で、どのような行動を示すことが求められているのか、適切かつ的確に理解する取り組みに着手しよう。

① 不満の表明や苦情申し立てがなされる前の段階

この段階はまさに苦情解決のファーストステップだ。苦情や不満の表明につながるような業務手順や方法がないか、不適切な接遇がなされていないかを点検する段階である。今は不満の表明はなされていないとしても、決して油断しない。〝不満の芽〟や〝苦情の芽〟といえるような実態がないかを徹底的にチェックし洗い出す。

チェックする際には、事業者側や職員側の視点からではなく、利用者および家族の視点から、一つひとつの業務を点検するのが大原則だ。ケアマネジャーの場合は、ケアマネジメントのすべての段階で質の高い業務が行われているか、徹底的に利用者および家族の視点に立ってチェックする。利用者に対する言葉遣い、態度、姿勢が質の高いものになっているか、チェックする。ニーズアセスメントの手段と方法が適切なものとなっているか、確認する。ケアプラン作成と提示の方法についても、十分かつ適切なものとなっているか、確認する。こうした取り組みを通して、提供されるサービスに対する不満を、小さな〝芽〟の段階で摘み取っていく。

②　実際に不満が明確な形で示された（あるいは苦情が寄せられた）段階

表明された不満や苦情に対しては、適切、的確、速やかに対応していくことが必要となる。適切な対応の肝となるのは、事実関係の確認である。利用者・家族は、何に対して納得がいかないと訴えているのか、憤りを感じているのか、丁寧かつ真摯に聞き取っていく。

事業者側の対応に問題があることが確認できた場合は、誠意をもってお詫びの気持ちを伝える。事態によっては、損害賠償に向けた提案を示すことも必要となる。事業所側に大きな過失がない場合であったとしても、不快感を抱く状況を招いたことに関して、お詫びの気持ちを伝える。

③　解決後の段階（振り返りの段階）

これは、不満の表明や苦情申し立てがなされてから解決に至るまでの一連の過程を振り返り、そこから教訓を学びとっていく段階である。その際に留意すべきポイントは、不満の原因となった事柄（あるいは苦情の原因となった事柄）の精査だ。不満を抱かせてしまう原因は、何だったのか。苦情といえるような事態を招いた原因は、何だったのか。慎重に吟味・点検し明らかにしていく。

そのうえで、同じような苦情案件の発生を防ぐための方法を立案し、確実に実行に移す。期待通りの成果があがりそうな場合は、案に基づく行動を継続していく。思うような成果があがらないようであれば、原因を点検する作業に立ち戻る。そのうえで新たな案を作成し、実行に移していく。こうした取り組みを通して、同じような苦情の発生を繰り返さない組織となるよう努力邁進していく。

同じ失敗を繰り返さないことが、プロとして働くすべての人が身につけるべき仕事の流儀である。よき職業人として成長し続けるための鉄則といえる。この鉄則を常に胸に抱き、同じ失敗を繰り返さない職業人、失敗を〝芽〟の段階で摘み取っていく職業人になっていくことが求められているのである。

久田が説く

ここが重要！

苦情解決に貢献する職業人となるためのポイント

- 職業人として働けば、誰もが苦情や不満の表明に直面する可能性があると覚悟する。
- 苦情は高い期待感が利用者や家族の間にあることを示すものでもある。期待するレベルと実際に提供されるサービスの間にギャップがあれば、苦情の声があがりやすくなる。期待値が誤解によって高くなりすぎている場合は、話し合いの機会をもち、どのレベルと内容のサービスを提供することが事業所の使命なのか説明する。適正な期待感から生じるギャップの場合は、埋めるための行動を速やかに起こす。
- 深刻な苦情や不満にさらされるのを防ぐための唯一の方法は、常に、自らの業務を振り返る姿勢を持ち続けること。苦情や不満の芽の段階で、適切な対応をするという姿勢を貫くことが必要となる。
- 申し立てがなされた苦情に関しては、真摯かつ誠意ある対応を基本とする。丁寧に事実関係を確認し、それをもとに解決に向けた提案を行っていく。
- 苦情案件は、申立人と話し合い、合意が得られたら、終了ではない。必ず、一連のすべての過程を振り返り、二度と同じような事態が発生することがないよう、適切な対応策（未然防止策）を立案、実行していく。

第18章

“確証なき伝聞”を“揺るぎなき事実”と捉えてはならない

噂で聞いた他の事業所の問題点を鵜呑みにしない

他の事業所に対する批判の声からみえてくること

福祉事業所の施設長あるいは管理職として働く人たちと顔見知りになると、よく耳にする共通の話がある。他の事業所に対する噂話だ。

「あの施設にはこんなところがある」「あそこではこんなことが行われている」「こんな経営がなされている」「こんな介護がなされている」等といった類いの話だ。最初は当たり障りのない形で話題提供される。しかし、私が「あー、そうですか。そんなことがあるんですか」とうなずきながら話を聞くと、口調は一気にヒートアップ。批判的口調に変わっていく。

「いやぁ、実はですね。あの法人にはこんな問題があるんです」「あそこの経営者はこんなことをやっているんです」「職員がこんなにひどい介護をやっているんです」等々、自分が今話題にしている事業所の経営スタイルがいかにずさんであるか、業務レベルがいかにひどい状態か、どんなに多くの問題を抱えているかといった点を、延々と説明し始める。

批判の対象となっている事業所には、次のような共通点がある。

第一は、同種の事業所であるという点。自分が施設長あるいは管理職を務める事業所が、高齢者関連サービスに携わっている場合、批判のターゲットは同業者の介護保険事業所になる。

第二は、同じエリアあるいは近隣の事業所であるという点。他の都道府県にある同種事業所に対する批判的コメントを聞く場合もあるが、これは例外的ケース。圧倒的多数は、近隣の〝ライバル事業所〟に関する批判の声である。これはある意味では当たり前のこと。同じエリア内にある同種事業所とは〝お客様獲得競争〟を繰り広げるライバルである。「負けたくない」との思いが批判的コメントへと駆り立ててしまうのである。

十分な裏づけなしに批判が示されるケースも

注目すべきは、第三の共通点だ。十分な裏づけがないままで、「こんなひどいところがある」「こんな問題がある」と批判がなされることが多いという点。ある特定の情報源から得た話を鵜呑《うの》みにし〝真実〟だと決めつけてしまうケースである。

その典型例の一つが、批判の矛先を向ける事業所で、かつて働いていた職員から「あそこはダメだった」との話を耳にするケースである。元職員が語ることであるから、聞き手は耳にするすべての話を〝真実〟だと受けとめやすい。経験者が語るのだから、間違っているわけがない。本当の話だと鵜呑みにしやすい。

しかし、すべてが実態を正確に示した話とは限らない。今、その人が語る経験は、あくまでも話し手である本人の視点から語られるものである。実体験がベースになっているとしても、すべてがありのまま正確に語られるとは限らない。

人は職を辞するまでの期間にさまざまな経験をする。業務のこなし方に関して、他の職員ともめたり、行きちがいを経験したりする。そのような形で離職した場合は、マイナスのイメージがどうしても脳裏に焼きついている。これが、実態以上にその事業所に問題があったかのような形で語ってしまう原因となりやすい。意図的ではないのだが、「前の職場にはこんなに大きな問題があった」「こんなにひどいところがあった」などと、話が盛られやすくなる。誇張された形で話がなされる原因となる。

もう一つの典型例は、利用者や家族からかつて利用していたサービスについて話を聞くケースだ。彼らから批判的なコメントを耳にし、「あの事業所にはこんな問題がある」と思い込んでしまうケースである。

利用者や家族のコメントも、個人的な経験に基づくものである。必ずしも正確にその事業所の実態を反映しているとは限らない。利用者や家族の思いは複雑である。いくつかの福祉事業所を経験し、現在の事業所でサービスを受けるようになった場合、今、利用している事業所の職員を喜ばせたいとの思いが、心のなかに芽生えやすい。今お世話になっている職員に感謝の気持ちを伝えなければとの思いに駆られるようになる。これが、「前の施設（事業所）に比べて、ここはすばらしい」

「以前利用したときにはこうした表情をみせることはなかった。ここを利用できて本当によかった」とのコメントを生み出す要因となる。職員を喜ばせたいとの思いが強い人の場合は、あくまでも無意識のうちではあるが、以前利用した経験がある事業所や施設に対して、誇張した形でよくないところを語るという言動を示すこともある。強い批判あるいは厳しい言動が示される原因となることもある。

施設長が語ると〝事実〟だと受けとめられやすい

もちろん、施設長や管理職は、責任ある立場にある人だ。辞めた職員がどういった心境で以前の職場の状況を語る可能性があるか、察しがつく。利用者や家族の場合も同様だ。以前利用した経験がある事業所と、現在利用する事業所のサービス内容について語る際には、当然のごとく今の事業所がいいという点が伝わるように話す。今、生活をしている施設（あるいは通っている施設）を今後も継続して利用しようと思っている人が、「前の事業所の方がよかった」との見解を示すケースなど滅多にない。施設長として働く人であれば、利用者や家族の間にこうした傾向があることについては、十分に承知している。

だからこそ、彼らが伝聞から得た他の事業所の評判を語るときには、慎重を期した伝え方をする。はじめて職場内で、噂で聞いた他の事業所の話をするときには断定的な言い方をするのは極力避けて、オブラートに包んだ話し方に徹しようとする。

例えば、こんな調子だ。「いやぁ〜、にわかには信じられないんですけどね。あそこの事業所には、ちょっと問題があるらしいんです」「ちょっと小耳に挟んだんですけど、ご利用者への対応が、粗雑で乱暴なんだそうです」などといった伝聞調の話し方をする。なぜこんな伝え方をするのか。理由は明白だ。自分の考えを部下である他の職員に、押しつけないようにするためである。万が一、後で事実無根だという点が発覚したとしても、「いいえ、私は断定していない。『こんなところがあるらしい』と話しただけ」と言いつくろうことができる。批判の矛先をかわすことができるからである。

　ただし、どんなにオブラートに包んだ言い方をしたとしても、彼らの影響力は決して小さくない。管理監督者が「あの事業所では、こんな問題があるらしい」「こんな不適切なことをしているらしい」と話せば、部下は「へ～、そんな事実があるのか。それはひどい」との受けとめ方をしてしまいやすい。

　当初は「本当にそうなのかな」との思いで捉えていても、しかるべき立場の人によって、何度も批判的コメントが繰り返されれば、感覚がマヒし始める。伝聞であるとの印象が薄れていく。〝事実〟だと捉えるようになり、部下として働く人も、「あそこはひどい」「こんな介護を行っている」と批判的コメントを口にするようになる。共に働く他の職員とこうした見解を共有するようになる。

職場全体にこうした傾向がみえ始めれば、施設長や管理職のガードも甘くなる。伝聞口調をやめ、断定表現で他者批判を口にするようになる。彼らが断定表現を使えば、部下の思いはさらに強いものとなる。「あの事業所はひどい」との思いが、確信をもって語られるようになる。〝確証なき伝聞〟が〝揺るぎなき真実〟にすり替えられてしまうのである。

根拠の薄い他者批判は〝井の中の蛙〟現象を生む要因に

その結果、職場はどうなるか。組織全体が〝井の中の蛙〟の状況に陥っていく。確たる証拠もなく、他の事業所を「ひどい」と決めつけるようになる。「あそこに比べれば、うちははるかにましだ」との思いを抱くようになる。実態としては決して上をいっている状況にはないのに、そう信じて疑わなくなる。

「うちは上だ」との慢心が、危機意識を低下させ、問題や課題に気づく目を根こそぎ奪い取ってしまう。常に強固な問題意識をもって働くという姿勢を失なわせてしまう。気づいた問題点については、先送りではなく着実に解決に向けて行動を起こすといったプロフェッショナルな姿勢を、雲散霧消の状態に陥らせてしまうのである。

では、どうすれば、井の中の蛙状態から脱することができるか。ここでは重要なポイントを選りすぐり紹介したい。それは次の五点に集約できる。次に示す取り組みに着手し、「他の事業所から真摯かつ謙虚に学ぶ」との姿勢を身につける。学んだことを職場の発展に向けた貴重な材料とする。管理職はいうまでもなく、すべての職員がこの姿勢を身につけることが求められているのである。

①　**噂話で聞いた他の事業所・施設の欠点や問題点を鵜呑みにしない**

さまざまなルートから伝わってくる他の事業所に関する情報は、「あくまでも話し手の主観であり、客観的な事実を語っているとは限らない」という受けとめ方をする（ただし、話し手を端から疑うような姿勢、いぶかるような姿勢を示すのは厳禁。丁寧かつ適切な姿勢を示すのは当然のことである）。

②　**噂話で聞いた他の事業所・施設の欠点や問題点を他の職員に安易に伝えない**

伝え聞いた話を裏づけが取れた情報であるかのような形で、職場の同僚、後輩、部下等に伝えるのは決して許されない行動である。事実を語っているとは断定はできないが、職員間で共有すべき事柄だと思われる場合は、あくまでも伝聞であること、情報提供者の個人的見解であるという点を強調しながら伝えるように努める。

③　**他の事業所を実際に訪問し、実態を見極める目を磨く**

ここからが、〝井の中の蛙〟にならないための本格的な取り組みである。他の事業所の実態を事実として確認するために、直接、訪問したり見学したりする。可能であれば、何日か職場体験実習を行うという取り組みにもチャレンジする（もちろん、この取り組みを行う場合は、自分が勤める事業所と相手先との間で職場体験実習の取り決めを結ぶことが必要となる）。

④　**他の事業所・施設の実態を確認するときには、まずプラスの点の把握に努める**

見学、聞き取り、職場体験実習などを行う場合は、〝悪いところ探し〟に終始するという姿勢ではなく、その職場のよいところ（長所あるいはストレングスといえるところ）から学ぶとの姿勢で臨むようにする。そのうえで、改善すべき事柄や課題などを把握するように努める。

⑤ 学んだプラスの点を職場に導入する取り組み、学んだマイナス点から教訓を得る取り組みに着手する

他の事業所・施設での体験を通して確認したプラスの点を自分たちの職場に導入するにはどうすればいいか、その方法を考えるようにする。マイナス点、課題、改善点等については、反面教師として、自分たちの職場に同じような状況がないかを確認する。万が一、同じようなマイナス点がある場合は、改善に向けた計画を立案し、実行に移す。こうした取り組みを通して、他の事業所の実態から学んだプラス点とマイナス点を自事業所の発展に活かすという取り組みに着手するように努める。

久田が説く

ここが重要！

伝聞による他の事業所の評判を鵜呑みにしない人になるためのポイント

- 伝聞による他の事業所情報は事実とは限らないという点を肝に銘じる。マイナス情報は、実態よりも誇張されて伝えられるケースが多い点を忘れないようにする。

- 関係者が語る話が事実とは限らない。その人がかつておかれていた状態が、伝えられる情報内容に影響をおよぼすケースがある。

- 利用者や家族が「ここが一番いい」との感想を当該事業所の職員に対して述べているときは、心の底からそう思っているケースと、「そうあって欲しい」との願望を述べているケースの二つがある。

- しかるべき立場にある人が、他の事業所の業務内容について話をすると、“確証なき伝聞”が“揺るぎなき事実”となって一人歩きしてしまうことがある。

- 他の事業所を訪問して、その実態を学ぶことは、自分たちが働く事業所の業界内でのポジションを知る絶好の機会となる。いいところを確認した場合は、取り入れるという姿勢をもつ。残念なところを確認した場合は、反面教師とする姿勢をもつようにする。

記録のレベルアップが業務レベルの向上につながる

第19章 正しい記録の書き方の習得がさらなる成長の推進力となる

記録をみれば、現場の業務レベルがわかる

「どうすれば業務のレベルアップが図れるか。うちの職場に指導に来てほしい」との依頼を受け、はじめて依頼主の福祉事業所を訪ねるとき、必ず行うことが二つある。

一つは、記録の確認である。業務日誌、介護記録、相談援助記録、事故報告書などに目を通す作業だ。もちろん、その際には、守秘義務厳守の約束をする。そのうえでの閲覧である。もう一つは、事業所内の見学である。順番はいつも決まっている。まずは、ここでも記録の確認を行う。そして、見学する。これが、ここ十数年、福祉事業所の業務改善にかかわる際の手順となっている。

なぜ、最初に記録の確認を行うのか。不思議に思う人がいるかもしれないが、私にとって、理由は極めてシンプルだ。長年におよぶ利用者本位サービスの研究、そして、現場とのかかわりによって得た数多くの経験から、記録をみれば現場の業務レベルが把握できるという事実を学んだからである。記録のレベルが高い職場と低い職場に、極めて対照的な違いがあることに気づいたからだ。

主な違いは、次のように整理できる。

記録のレベルが高い職場と低い職場の違い

記録のレベルが高い事業所は、業務内容も極めて高いレベルにある。利用者本位サービスの理念に基づく業務が推進されている。職場のなかにどのような課題や問題があるかという点について、どの職階にある職員も目をそらさず直視するという勇敢な姿勢を示す。課題や問題の解決に向けて、いつ、どんな方法でどう行動し、どのような成果をあげたか、より大きな成果をあげるためにはどのような課題が残されているかといった点が記録からしっかりと伝わってくる。すばらしいのは記録だけではない。実際に、働く姿をみせていただくと、彼らのちょっとした仕草や姿勢から、高いプロ意識や充実感が伝わってくる。利用者の表情も穏やかで、満足感や幸福感が伝わってくる。

対照的に、とてもプロとはいえない記録レベルにとどまっている事業所は、業務レベルも目を覆うばかりだ。記録に目を通しても、職員が実際にどのような働きかけ（支援、介護）を利用者にしたのか伝わってこない。いつ、どのタイミングで、どのような働きかけを行い、どのような成果があがったのか（あがらなかったのか）が把握できない。

ケアプランや個別支援計画に基づく支援が、どのような方法で行われたのかも十分に記されていない。行動が困難な利用者に対しては、上から目線の高飛車な姿勢で接していることが、記録の端々から伝わってくる。ポジティブな視点で捉えているのではなく、「困らせる人」「手を煩わせる人」といった捉え方をしていることが伝わってくる書き方がなされている。実際に、職員の働きぶりをみると、利用者軽視と指摘せざるをえない、極めて危うい業務実態に陥っていることが容易に確認できる。

記録が危うい状態になっていないかチェックする

さて、あなたの職場は大丈夫だろうか。質の高い記録が書かれているだろうか。低空飛行状態の記録にとどまっていないだろうか。

チェックするのは難しくない。他の職員が書いた記録に目を通してみよう。そのなかで、あなたが直接見ていない場面について書かれている記録に注目してもらいたい。記録に目を通すと、実際に何があったか、目に浮かぶような書き方になっているだろうか。利用者のどのような言動に対して、職員がどう支援し、その結果どうなったか、具体的にわかるような記述になっているだろうか。それとも、「徘徊あり」「帰宅願望あり」「もの盗られ妄想あり」などと、記録を書いた人でなければ実際にどのような様子なのか、わからない。どのようなサポートがなされたのか、さっぱりわからない。そんな記録になっているとすれば、記録は間違いなく低空飛行状態だ。

記録の善し悪しを判断する、もう一つのチェックポイン

トは、利用者に対する姿勢と目線だ。利用者の様子に関する記述のなかに、上から目線の表現やマイナスのレッテルを貼るのに終始している表現がないか、チェックしてみよう。典型例は、「服薬拒否」「食事拒否」「入浴拒否」「わがまま」「暴言」などといった記録者の主観や判断の結果という形で書かれた記録だ。

これらの点を確認した結果、「うちの職場で書かれている記録は危うい状態にあるかもしれない」との思いを抱いたとすれば、すぐに行動を起こそう。記録のレベルと業務のレベルは連動するので、万が一、記録が危うい状態にあるならば、業務レベルも危うい状態に陥っている公算が大きい。支援レベル、介護レベル、接遇レベルがとてもプロとはいえない危険水域にまで達している可能性が極めて高い。下手をすると、いつ虐待通報がされてもおかしくない、いつ深刻な苦情が申し立てられてもおかしくない、といった状況にある恐れもある。

だからこそ、強調したい。危うい状態との訣別を図るには、記録の書き方のレベルアップが必須課題となる。記録の内容と業務実態は連動しているからだ。間違った記録の書き方を改め、正しい記録の書き方を覚えることによって、業務レベルも同時に向上していくからである。適切で正しい記録は、レベルの高い支援、介護、接遇を実現する有力なツールとなるからである。

では、どうすれば、プロと呼ぶにふさわしい適切な記録が書けるようになれるか。ここでは、適切な記録の書き方の習得に向けた、最もシンプルな方法を紹介する。二つの取り組みを通して、悪しき記録との訣別を図る方法である。

第一は、反面教師として「ダメな記録の典型例」を学ぶ。もし自分が働く職場において、典型例で示した書き方がなされていることが確認できた場合は、すぐに訣別に向けて行動を起こす。第二は記録の書き方の大原則を学ぶ。これからは、常に基本原則に基づく方法で記録を書くようにする。

反面教師として、「ダメな記録の典型例」を学ぼう

福祉の職場から払拭を図らねばならない「ダメな記録の典型例」は、次のように整理できる。

① 比較的自立度の高い利用者、あるいは職員の視点からみて〝問題〟が少ないと思われる利用者の記録がほとんど記されていない

自立度の高い利用者や、問題が少ないと職員が判断した利用者に対して、適切なサポートをしているという証拠が残っていない。

② 主観と客観的な事実が入り混じった記録になっており、実際に何があったのか、他の職員が理解しづらい

典型例は「午前三時、朝だと勘違いしたのか、ラウンジに起き出してくる」という記述。「朝だと勘違いしたのか」は推測であり主観の部分。シンプルに「午前三時、ラウンジに起き出してくる」でOK。この行動に関する解釈やコメントを記したい場合は、一度事実を書いた後に、次の文章で記すようにする。

③ 専門用語や省略型の記述のオンパレードで、具体的に何があったのか事実が書かれていない

「徘徊」「もの盗られ妄想」「異食」「帰宅願望」「不穏状態」などと書かれているだけで、実際にどのような行動があり、どう支援したのか、書かれていない。

④ **利用者の言動をマイナスの視点で捉えた、〝上から目線〟の記録となっている**

利用者が示す言動を不適切であると、一方的に決めつけたかのような記録となっている。典型例は、「お風呂に誘ったのに拒否する」「食事いらないと拒否する」などといった記録。自分は正しいことをしており、利用者は従うのが当然だとの思いがあるために、〝拒否〟との記述になる。利用者は職員の働きかけに、「イエス」と言う権利もあれば、「ノー」と言う権利もある。もちろん、「ノー」の状態になると、利用者の健康や質の高い生活を保持することが困難になる場合は、時間をずらして働きかける、他の職員に入れ替わり、お誘いするなどの方法をとるなどといった取り組みが必要となる。

⑤ **肝心要《かんじんかなめ》の大事なことが書かれていない**

「AさんがBさんの部屋に無断で入ったので、注意した」と書いているが、具体的にどんな言動でAさんに語りかけたのか書いていない。こうした書き方がされている場合、実は〝注意〟の仕方が上から目線で不適切であるケースが少なくない。本来、書かなければならないのは、ありのままの事実だ。Aさんの行動に対して、具体的にどのような言葉や態度で働きかけたのか、その中身を書くようにしなければならない。正しい書き方を身につければ、〝注意する〟との上から目線の対応ではなく、何が当該利用者を他の利用者の部屋に入るという行動に追いやったのか、原因を探ることが可能になる。同じような出来事が生じないよう防止策を考察することができるようになる。

⑥ **偽装記録と指摘されかねない記録になっている**

これは、記録を読むとあたかも丁寧な言葉かけで接しているかのように書いているが、実は乱暴な言葉遣いで対応していたというケース。典型的な例は、記録には「オムツが濡れていらっしゃったので換えて差しあげました」と書いているのに、実際は、「何だよ、これ～。こんなに濡れているじゃないか。濡れたら、ちゃんとコール押してくれよ。まったく！」と利用者に当たり散らすような口調で接していたというケースである。

適切な記録の方法

続いて、適切な記録の書き方を紹介する。ここでは介護記録などの直接支援記録を想定したものに絞って紹介するが、相談援助記録を書く場合に応用できる部分もあるので、しっかりと目を通してほしい。

記録を書く際の最も重要なポイントは、他の職員が読んでも、実際にどんな事実があったのか、頭の中でイメージできるように書く、ということ。実際に、その場面を目撃していない他の職員であっても、実際に何があったのか、目の前にその光景が浮かぶように書く（相談援助記録の場合は、他の職員が読んでも、いつ、どこで、誰が出席し、どのような状況や手順で面談が行われ、どのような発見があったか、どのような事実があったか。どのような援助方針が確認されたか。未解決のニーズや今後の課題等について記す）。ただし、文字数は最小限に抑える。だらだらと間延びした文章にならないようにする。他の職員が目を通したとき、すぐに事実が把握できるよう、可能な限りシンプルに事実を記すよう努める。具体的には次の点を意識して書く。

① いつ、どこで、何があったか。
② それに対して、どう対応したか（見守った場合は、見守ったと書く）。
③ その結果、どうなったか。
④ その出来事に関するコメントや考察（コメントや考察は必ずしも必要ではない。どうしても必要なときのみ記す）。

①から③が客観的事実であり、④が記録者の主観を記したものである。①から③の要素を盛り込んだ記入例（グループホームで生活するAさん、八九歳、男性）は、次の通りである。

＊　＊

朝、九時一五分、リビングのソファーに座っている。中空を見つめながら、「あっち行け」「嫌いだ、おまえは」と険しい表情で独り言。「今日はいい天気ですね。外で何かしたいですね」と話を向けると、「花に水をやろうかね」と発言。庭に出て三〇分ほど、にこやかな表情で、花に水やりをして過ごす。

＊　＊

もう一点、記録が飛躍的に上達するポイントを示そう。それは、「いつ家族や利用者本人から記録の開示請求があっても、戸惑わないように書くこと」である。こう意識するだけでも、上から目線の記録は防止できる。

本章で示した記録の書き方は、初めの一歩に過ぎない。プロと呼ぶにふさわしい職業人となるために、勉強を積み重ねることが必要なのはいうまでもない。記録の書き方に関する書籍を購入して勉強を積み重ねる。記録の書き方に関する研修会に参加し、研鑽を積むことを忘れないようにしよう。

ここが重要!

正しい記録を書く職業人となるために留意すべきポイント

- 記録レベルと業務レベルは連動する。記録のレベルアップが業務レベルの向上につながる。
- 業務レベルが低空飛行状態の職場は、利用者に対する描写が上から目線になっているケースが多い。
- 業務レベルが高い職場は、利用者に対してマイナスの視点ではなく、ポジティブな視点で捉えていることが、記録から伝わってくる。
- 業務レベルに問題がある職場では、不適切な対応に関する実態が書かれていない。書かれたとしても、偽装記録の状態、すなわち適切な対応をしたかのように描写されていることがある。
- 正確な記録が書かれていない職場では、うまくいかなかったことから、教訓を学ぶということができていない。他方、適切な記録がなされている職場は、失敗から教訓を学ぶことが十分にできているという特徴がある。
- 支援現場における記録の基本は、事実をありのままに記すこと。利用者がどのような言動を示し、どう対応（働きかけ、支援、介護）したか、その結果どうなったかを簡潔に記す。一連の事実に対して、コメントや考察を示したい場合は、事実を描写した後に、書き記すようにする（一つのセンテンスのなかに事実と主観、事実と職員の考えを混在させるような書き方はしない）。

プロが果たすべき使命を頭の中だけで終わらせない

第20章 利用者の権利を的確に理解し、権利擁護の実現に向けて行動を起こす

権利擁護の大切さに対する福祉職員の見解

「利用者の権利擁護を推進することは、福祉の現場で働くあなたにとって、重要な使命の一つだと思いますか」

福祉職員を対象とした研修会の場で、参加者にこの質問を投げかけるとほぼ一〇〇パーセントの人が即座に「はい、重要な使命だと思います」との見解を示す。どの職階で働いているかは一切関係ない。理事長、社長、施設長、所長などといったトップマネジメントに携わる人も、部長、課長といった中間管理職も、主任やユニットリーダーという立場の人も、最前線で働く中堅職員も、はたまた入社したばかりの新任職員も異口同音に賛意を示す。

職種間でも見解の相違はみられない。介護職員も、生活相談員も、生活支援員も、児童指導員も、ケアマネジャーも、ナースも、栄養士も、リハビリ系の職員も、事務職員も、誰もが「権利擁護は大切です」と答える。雇用形態別にみても見解は同じである。常勤であろうと、非常勤であろうと、

権利擁護推進の重要さについて、異を唱える人はいない。

もちろん、ごく少数であるが、賛意をためらう姿勢を示す人もいる。とはいえ、彼らは「権利擁護は必要ない」と考えているわけではない。よくよく話を聞いてみると、「大切だと思うのですが、うちの職場は恥ずかしながら利用者に対する職員の言葉遣いや態度といった基本的部分に多々問題があります。とても権利擁護が十分に推進できているという状況にはないので、恥ずかしくて手をあげられませんでした」というケースがほとんどだ。こうしたケースも実際には権利擁護の大切さは認めているわけだから、限りなく一〇〇パーセントに近い人が福祉職場で働く人の使命として、権利擁護の推進に賛意を示したことになる。

要注目！　現場では権利擁護とは一体どんな権利の擁護を目指すのか、理解されていないケースが多い

権利擁護の大切さに対して、多くの人が賛意を示してくれるのはありがたいかぎりである。しかし、安心するのはまだ早い。問題は、どれくらいの人が、推進の準備ができているか、準備したうえで、着実に行動を起こしているかである。

この点を確認するために、研修会の場では、権利擁護が職員の使命であるかという質問の後に、次のような質問を受講者に投げかけることにしている。

「では、みなさん、教えてください。みなさんは具体的にどのような権利を擁護するために働いているのですか。擁護すべき権利を配付した記入用紙に、箇条書きで記してください」

この課題を私が口にした瞬間、研修会場内は張り詰めた空気で一杯になる。多くの人は記入用紙を凝視したまま、固まってしまい、微動だにしない。ペンを走らせ記入してくれるのは、ごくわずかの人に限られる。

しばらく時間をおいてから、「正解をホワイトボードに書き出しますので、書き写してください」と声をかけると、参加者の表情が緩む。どれくらい書けたか、私が確認しに来るのではないかと肝を冷やしていたからだろう。

全員が書き写したことを見届けたうえで、最も重要な作業に取りかかる。権利擁護に向けて職員が実際に行動を起こしているか、確認していく作業である。その際に、参加者に投げかける質問は次の通りだ。

「最後に、もう一点、みなさんにうかがいたいことがあります。利用者の権利を擁護するために、みなさんはこれまでどのような取り組みをされてきましたか。そしてその結果、どのような成果をあげたか説明できますか。自信をもって説明できるという方は挙手をお願いします」

反応はいつも同じだ。手をあげる人はごくごくわずか。ほんの数人で終わる。なぜこんなに少ないのか。理由は言うまでもない。「どのような成果をあげたか、自信をもって説明できる人」と、かなり厳しい条件をつけたからだ。参加者の立場からすれば、「自分なりにやってきたつもりだが、自信をもって説明できるというレベルではない」。そんな思いが脳裏をよぎったためである。

見逃してはならないのは、なぜ私があえて手をあげにくくなりそうな条件をつけたか、である。権利擁護が十分にできていると胸を張れる状態でないのに、「まぁ、一応できているかな」と軽い気持ちで手をあげるのを防ぐためである。手をあげていただくのは、利用者本位のサービスを担う、真のプロと呼ぶにふさわしい実績を示せる人のみに限定したかった。これがあえて高いハードルを課した最大の理由である。

さて、こうした一連の事実はどのような教訓を私たちに示しているのだろうか。答えは明々白々である。現場で働く人の多くは権利擁護の大切さは認識しているが、具体的にどのような権利を保障する使命を担っているのかという点については、十分な理解がないまま働いている人が極めて多いとの事実である。権利擁護という言葉が踊るだけで、実現に向けた取り組みが、十分に実施されずに終わっているとの残念な現状を示しているのである。

権利擁護を推進するプロとなるための取り組み

こうした状況との訣別を図るには、どうすればいいか。ここでは、組織レベルで権利擁護に取り組むためのとっておきの方法を紹介する。それは、次に示す六つのプロセスから構成される取り組みである。

プロセス1

プロとして保障すべき、利用者の権利を全職員で確認する。

プロセス2

一つひとつの権利が事業所の中でどれくらい保障されているか、現状のチェックをする。

プロセス3

十分な取り組みが行われていない権利がある場合は、その原因をふまえたうえで、「権利擁護推進計画書」を作成する（十分な対応ができていない権利が、一度で取り組めないほど多数確認できた場合は、優先順位を決めたうえで順番に取り組むようにする）。計画書には、権利擁護の推進に向けて、いつからいつまでに、どの部署（職種）の職員が、どのような取り組みを行うのか、具体的な行動計画を盛り込むようにする。

プロセス4

計画書に基づき、権利擁護の推進に向けた行動に着手する。

プロセス5

進捗状況を点検し、不具合がある場合は、プロセス3の計画書作成の段階に戻り、新たな計画を練り直す。

プロセス6

進捗状況のチェックの結果、問題の解決が図れたことが確認できた場合は、プロセス2の段階で、十分な対応ができていないと確認された権利の保障に向けて行動を起こす。

いざ、擁護すべき「利用者の権利」を確認しよう

これらの取り組みのなかで、最も重要なのは、プロセス1の「プロとして保障すべき権利の確認」である。どのような権利を擁護することが期待されるのか十分な理解がなければ、権利擁護推進に向けた重要な第一歩が踏み出せなくなるからだ。

だからこそ、社会福祉に携わる人には、どのような権利を擁護することが期待されているのか、しっかりと確認しよう。

そのなかに、基本的人権、自由権（思想・良心・学問・表現の自由など）、生存権（健康で文化的な最低限度の生活を営む権利）、参政権（選挙権、被選挙権など）など、日本国憲法で定められている権利が含まれるのはいうまでもない。これらの権利と共に、忘れてはいけないのは、契約に基づくサービス利用の時代、さらには利用者本位サービスの時代に、社会福祉専門職が擁護することが求められる「利用者の権利」である。それは、権利擁護および利用者本位サービスに関する内外の知見を参考にすれば、次のように整理できる。

① 地域社会のなかで充実した生活を送る権利（本人にとって馴染みのある地域社会のなかで、あるいは暮らしの場として希望する地域社会のなかで、個別ニードに基づく適切な支援を受けながら、自分の人生の主役として生きていく権利）。

② 心身機能という面で極めて手厚い支援が必要な状態にあるとしても、可能な限り当たり前の暮

らしを営む権利（社会のなかで当たり前とみなされる生活パターン、あるいは、介護が必要となる以前の生活スタイルや生活パターンが継続できるよう、適切な支援を受ける権利）。
③　個別ケアを受ける権利（集団対応型の支援ではなく、個別のニード、意思・希望などに基づくきめ細かい支援を受ける権利）。
④　最新の福祉理念、倫理、価値、専門性に裏打ちされた「質の高いサービス・支援」を受ける権利（プロフェッショナルと呼ぶにふさわしい知識とスキルを有する専門職から、クオリティの高い支援を受ける権利）。
⑤　知る権利（利用者が必要とする情報、利用者にとって役立つ情報などを、本人が理解できるよう、わかりやすく提供してもらう権利）。
⑥　自己決定権、自己選択権（どのような暮らしをするか、どのような一日の過ごし方をするか、どのような活動に参加するか、どのような介護や支援をどのようなタイミングで、どのような方法で受けるかなどといったことを、適切なサポートを受けながら自分で決める権利）。
⑦　ケアマネジメントの一連のプロセスに参加する権利（形だけの参加ではなく、適切な支援を受けながら、ケアマネジメントの一連の過程に参加する権利。認知力の低下のためにコミュニケーションが困難であったとしても、最初から無理だと決めつけられない権利）。
⑧　意見・要望を述べる権利（表明した意見・要望を最大限尊重してもらう権利）。
⑨　苦情を述べる権利（表明した苦情に対して、適切かつ速やかに対応してもらう権利）。
⑩　現在有する能力を維持するとともに、潜在能力の開発に必要な支援を受ける権利（本人が有す

るさまざまな力を維持していく権利。新たなことにチャレンジしたり、学習の機会をもったりするなど、自己成長を楽しむ権利）。

⑪　プライバシー権（個人情報保護に関する権利）。

⑫　自己尊重の念と尊厳を維持する権利（一個人としてプライドをもって生きていく権利。一人の人間としてリスペクトを受けながら生きていく権利）。

社会福祉の世界で働く人の使命は、権利擁護の実現に向けて、行動を起こすことだ。「重度の要介護状態の利用者であるから、これらの権利を保障することはできない」「うちの職場の現状を考えると、これらの権利を保障するのは無理」と決めつけるのではなく、どのような工夫や努力を積み重ねれば、これらの権利を保障できるのか。このようなポジティブな姿勢をもって行動を起こすことが、社会福祉の世界で働く人に求められているのである。

久田が説く

ここが重要！

権利擁護推進に向けて留意すべきポイント

- 権利擁護は口先で唱えて終わるものではなく、行動を起こして実現すべきものである。
- どのような権利を保障するのかを理解していなければ、権利擁護の推進者にはなれない。
- 組織で権利擁護に取り組む際には、どのようなプロセスで取り組んでいくのか、その手順と方法を正しく理解する。
- 各権利が、職場の中でどれくらい保障されているか、点検作業を定期的に行う。
- 保障が不十分な権利がある場合は、その原因を分析したうえで、適切な解決策を作成し、速やかに実行に移す。
- 質の高いサービスの保障を実現するために、専門的知識の向上と支援スキルのさらなる強化が必須条件となる。
- 知る権利を保障するためには、どのような情報を利用者に伝えることが必要とされているのかを把握すること、さらには、利用者が理解できるよう適切なコミュニケーション方法を用いて丁寧にわかりやすく説明することが必要となる。

他の事業所で発生した権利侵害事件を他山の石とする

第21章 福祉職員による虐待の撲滅に向けて行動を起こす

施設内虐待事件の報道にあなたはどう反応するか

あなたの職場はどうだろうか。障害者施設や高齢者施設で利用者に対する虐待事件が発生したとのニュースが、新聞やテレビなどで報道されたとき、理事長、社長、施設長といったトップリーダーは、どのような思いをもって事件を捉えるだろうか。主任や課長、介護士長など、ミドルマネジメントのポストにつく職員の脳裏には、どんな思いがよぎるだろうか。ケアの最前線業務に携わる介護職員、生活相談員、生活支援員、ケアマネジャーなどは、事件をどのような姿勢や眼差しで捉えるだろうか。

もし虐待報道を「ひどい事件が起きたものだ。でも、うちの職場はまったく関係ない。あんな事件など起こるわけがない」との思いで捉えている状況が垣間見られるとすれば、強い警告を発したい。

あなたの職場で、同じような虐待事件や権利侵害事件が発生する可能性は決して小さくない。いや、すでに発生している可能性さえある。虐待が発生しやすい職場では、他の事業所で起こった虐待事件や権利侵害事件を「うちには関係ない」と**対岸の火事**のように捉える傾向があるためである。

では、どうすればこうした傾向との訣別を図れるか。職員による虐待行為の発生が食いとめられるか。そのための重要な第一歩は、自らが働く職場のなかに、虐待が発生しやすい危うい特徴がないか確認することから始まる。そのうえで適切な対応策を立案し、計画を実行に移していくことが必要となる。

虐待事件や権利侵害事件が発生しやすい職場の特徴

施設内虐待に関する内外の研究や、私自身の現場とのかかわりで得たフィールドデータを参考にすれば、虐待や権利侵害を誘発する危うい特徴は、次のように整理できる。

■危うい特徴①：虐待報道に接しても他人ごとと捉え、報道を精査しないし、そこから教訓を学ぼ

うともしない

虐待が起こりやすい職場は危機感が乏しい。虐待報道を他人ごとと捉える。実際には同じような不適切な接し方や対応がみられるのに「うちは深刻な状態にはない」と決めつけ改善への行動を起こそうとしない。

■危うい特徴②：困難な行動を示す利用者に対しては、虐待と受け取られかねない、力による対応もやむをえない、という認識が職場内の暗黙の了解となっている

虐待が発生している職場や、虐待と指摘されかねない不適切な接し方が行われている職場では、その原因が利用者の要介護度の高さや行動特性にあるかのような弁明を繰り返すケースが極めて多い。「うちは他の施設とは異なり要介護度が高いとの判定を受けている利用者が多い」「重い行動障害のある人が多い」。だから、「力ずくの対応になるのも仕方がない」と乱暴かつ不適切な対応を容認する見解を示すケースだ。

こうした施設で実際に利用者の状況を調べてみると、必ずしも他の事業所よりも、支援が困難な利用者が多いとは限らない。不適切な対応が発生する本当の原因は、利用者の要介護度の高さにあるのではなく、職員のプロ意識の低さとスキル不足にあるケースが多い。

■危うい特徴③：虐待であるとの指摘を受けても、「この方法しかなかった」「いろいろ試みたがダメだった」と自分たちのやり方を正当化する傾向が強い

虐待事件や権利侵害事件が発生した施設では、事件発覚後も、「この方法しかなかった」「いろんな接し方を試みたが、うまくいかなかった」との弁明を繰り返すのがお決まりのパターン。しかしながら、「これまでどのような支援がなされてきたか」とデータの開示を要求すると、梨の礫《つぶて》に終わる。実際には「いろいろ試みた」のではなく、最初から不適切な対応しか行われていなかったケースが多い。

■危うい特徴④：トップリーダーである施設長が、最前線で何が起こっているか、実態を正確に把握しようとする姿勢を示していない

虐待が発生している事業所や、業務レベルが低下している事業所は、トップリーダーである施設長の目が現場に行き届いていないという特徴がある。何が最前線の現場で起こっているのか、把握していないとの残念な特徴がある。

その原因は、現場で何が起こっているか、職員が的確かつ十分な情報を上に報告していないことにある場合もあるが、最も大きな原因は別のところにある場合が多い。それは、トップリーダーの姿勢である。リーダーとして、現場のリアリティを把握するという姿勢が不十分な状態にある。現場からの報告が部下からあがってくるのを受け身の姿勢で待つだけで、自分から積極的に情報収集しようとしない。その結果、どうなるかは火を見るより明らかだ。トップの目が行き渡らず、気づかれないことがわかっているので、やりたい放題の暴走状態になってしまう。

いつ虐待がある、あるいはいつ権利侵害があるとの指摘を受けても不思議ではないほど、業務レベルの低下が止まらなくなるのである。

■危うい特徴⑤：施設長や副施設長など、リーダーシップを発揮すべき立場にある職員が、不適切な行為を示す職員を注意せず、放ったらかしの状態になっている

虐待が発生しやすい事業所では、トップリーダーである施設長やそれに準じる立場にある管理監督者が、虐待あるいはそう捉えられかねない行為に気づいても、見て見ぬふりを決め込む傾向がある。注意せずに放置するとの姿勢を示すケースが多い。なぜ、そうなってしまうのか。管理監督者の立場であれば、部下を指導するのは当たり前であるはずなのに、なぜ適切な指導をせず、放置してしまうのか。その原因を探ってみると、重要なポイントが浮かびあがってくる。部下を注意できない原因は、彼らの経歴に潜んでいる場合があるとの事実である。

例えば、長年の現場経験を経てから、施設長あるいは管理監督者の立場になった人のケースを考えてみよう。不適切な接し方をする部下を、きちんと注意できる人は、現場職員のとき、他者のお手本となるようなサービスが利用者に提供できていた。接遇姿勢も高いレベルにあった。

他方、注意できない管理監督者は、現場で働いていたときに、自分自身も不適切な接し方に手を染めたことがあった。虐待と認定されるほどの接し方でなかったとしても、上から目線の接し方、威圧的な接し方などを示すことがあった。自分の思い通りに動いてくれない利用者に対しては、力で無理やり動かそうとしたこともあった。こうした過去の経験があるため、現在、不適切な接し方をする職員を注意できない。「注意しなければならない」との思いはあるが、ついためらってしまう。結果的に、虐待や権利侵害といえるような行為を放置するとの状況に陥っていたのである。

社会福祉の最前線で、支援員あるいは介護職員として働いた経験がない管理監督者の場合は、どうだろうか。きちんと注意ができる人は、管理職としての自身の役割を正しく理解している。

現場ではどのレベルの接遇、介護、支援が必要とされているのか、勉強もしている。こうした状況にあるので、万が一、部下が不適切な行動を利用者に対して示した場合、看過するとの姿勢は示さない。理路整然と、なぜ注意しているのかを説明し反省を促す。二度と同じような行為を繰り返さないよう、細心の注意を払いながら、警告を発する。注意を受ける側の部下からすれば、不適切な接し方をしたのは事実なので、反発もできないし、開き直りもできない。注意を受けとめ、反省するとの姿勢を示しやすくなる。

注意できない人には、「現場経験がないので、現場で働く人が納得できるような方法で注意できない」と、思い込んでいるケースが多い。現場経験がなくとも、リーダーとしての資質を磨き、注意の仕方を身につけていれば、部下の指導はできるはずなのに、できるわけがないと決めつけている。これが、トップリーダーとして、本来の役割が果たせない状況に陥る原因になっている。

■危うい特徴⑥：法人全体の運営管理に携わるトップマネジメント層の管理職が、虐待防止・権利侵害防止に向けて、すでに手を打っているから、「うちは大丈夫」「虐待など起こるはずがない」との捉え方をしている（実際には、虐待防止に向けた取り組みが功を奏しているとはいえない状況にあるのに、その事実を把握していない）

虐待報道がなされる職場が、必ずしも、虐待防止・権利侵害防止に向けて何もしていないとは限らない。否、表面的なものだけをみれば、立派な防止策を講じているかのようにみえるケースもある。ところが、立派なのは上辺だけ。権利擁護・虐待防止に向けた指針、倫理規程や行動規範等は立派なものが整備されているが、抽象的な記述のオンパレードで現場の実践には活かされていないケースが多い。

どうすれば虐待防止へと邁進する職場づくりができるか

こうした特徴をふまえれば、虐待根絶に向けて何をすべきかがみえてくる。防止に向けては、次に示す三つの取り組みが必須となる。

第一は、**虐待防止に向けて、マネジメント側である法人が何をしていく必要があるのか、役割と指針の再確認と整備**である。虐待防止に向けて、法人は何をするのか、明確な指針の作成あるいは修正を行う。理事長（社長）、局長、事務長、施設長などの役職者はどのような使命と役割を担うのかを明確にする。同時に、虐待防止に向けた組織体制・研修体制・人財育成システムの見直しにも着手する。

第二は、**虐待防止に向けた研修会の実施**である。第一段階では、虐待防止の基本知識習得に向けた座学型の研修を実施する。第二段階では、グループ討論形式の研修会を各事業所単位で実施する。参加対象者は、利用者に対して直接支援、介護、看護に携わる者とする。テーマは、「よき介護（よき業務姿勢）と悪しき介護（悪しき業務姿勢）の違いを学ぶ」と設定する。討論を行う前に、自分が行っている介護や業務姿勢を付箋紙に書き込むという作業に取りかかる。その場合、一枚に一項目という形で書き出す。続いて、他の職員が行っている介護や業務姿勢のなかで、「よき介護（よき業務姿勢）」を付箋紙に一枚一項目の形で書き出す（職員の個人名は記さない）。

この作業が終わったら、逆のパターンの書き出しを行う。「悪しき介護（悪しき業務姿勢）」の列挙である。自分が行っている行為のなかで、適切ではないと思うものを書き出す。さらには、他の職員の行為等のなかで、不適切なものを書き出していく（職員の名指しはしない）。

書いた付箋紙を模造紙に貼りだし、グループ内で討論。まずは「よき介護（よき業務姿勢）」の付箋紙を貼り出し、似たような項目を近くに集めグループ化する。「悪しき介護（悪しき業務姿勢）」も同様に模造紙に貼り出し、グループ化する。似たような項目を集め、整理していく。

そしてグループ全体および研修参加者全員で確認する。各グループが整理した「よき介護（よき業務姿勢）」と「悪しき介護（悪しき業務姿勢）」を確認し、共有化する作業に取り組んでいく。

全体会で「よき介護（よき業務姿勢）」と確認できたものについては、今後、みなで日々の業務のなかで活かしていく。「悪しき介護（悪しき業務姿勢）」と確認できたことは、決して行ってはならない禁止行為とする。

研修後には、みなで確認した「よき介護（よき業務姿勢）」と「悪しき介護（悪しき業務姿勢）」を文章化したものを作成し、職員各自が適宜、確認できるようにする。定期的に同様の研修会を実施し、みなで確認したことが守られているかをチェックする。うまくいっていない事柄がある場合は、解決に向けた話し合いを行い、実効性のある解決策の立案に努めていく。

第三は、**事例検討へのチャレンジ**である。不適切な接し方や対応の対象となっていると思われる利用者を、まずは一人だけ選び、事例検討会議を開催する。

会議の際には、利用者の家族状況、生活歴、健康状態、ＡＤＬ（日常生活動作）状況、サービス利用歴などの情報を簡潔に記録したものを用意する。同時に、当該利用者に対して、職員がどのような不適切な接し方や対応をしているのかを事例として書き出す。「いつ」「どこで」「どのような場面で」「どのような接し方や対応がなされているか」、具体例を書き出すようにする。

書き出したものを事例検討会議資料として準備し、それをふまえたうえで、「不適切な言動は何が原因で起こるのか」「職員による不適切な言動を改めていくためにどうすればいいか」、話し合うようにする。

議論を重ねたうえで、虐待防止・権利侵害防止に向けて、何をどう改めていくのか、明確化する作業を行う。こうした取り組みを通して、これまでの接し方を、どのような形に改めていくのか、具体的な改善策をつくりあげていく。

会議後は、速やかに改善策を実行に移す。不適切な行為との訣別を図っていく。行動開始してから一、二か月経ったところで、進捗状況をチェックする。事態の改善が十分にできていない場合は、事例検討会議を再度開催する。適切な支援に向けた話をする。こうした取り組みを繰り返し、虐待や権利侵害が発生しない職場づくりに努めていく。

以上、本章では虐待の根絶を図るにはどうすればいいか。最初の一歩を踏み出すためのヒントを提供した。虐待根絶は福祉の職場で働く人、すべてが必ず実現しなければいけない重要な使命である。「アビューズ・フリー」（Abuse Free：虐待ゼロ）の環境実現に向けて、全職員が一致団結して取り組むことが求められるのである。

ここが重要！

施設従事者等による虐待防止に向けて留意すべきポイント

- 権利侵害事件は、どのような種別の事業所でも発生する可能性はある。「うちは絶対にありえない」との姿勢を示すと、慢心という罠に陥り、虐待の兆候に気づく感性を失ってしまうことがある。

- 他の事業所で発生した虐待事件を、対岸の火事とは捉えない。油断をすれば、自分の職場でも起こりうるという意識で捉える。

- 虐待が発生しやすい職場は、管理監督者の現場に対する目配りが不足しているという特徴がある。

- トップリーダーである施設長あるいはそれに準じる立場にある人が、現場で見受けられる「危うい実態」を放置する姿勢を示せば、間違いなく、それは権利侵害あるいは虐待というレベルにまで発展していく。

- 注意すべきときに注意することが、人財育成にかかわるトップリーダー、管理監督者の重要な使命である。不適切な行動を示す職員に対して、何の注意もせず、放ったらかしにすることは、管理職としての使命を放棄したことになる。万が一、その職員の行動がエスカレートした場合は、権利侵害を間接的に推し進めた、あるいは権利侵害発生に加担したとの指摘を受ける可能性があることを忘れてはならない。

表面上の変化に終始せず真の変化を実現する

第22章 敬意を込めた用語への変更を実態が伴うものとする

介護保険制度が現場にもたらした大きな変化

介護保険制度の導入後、高齢者福祉の領域では、ある興味深い変化が起こった。新規に参入する事業者を中心に、介護保険サービスの利用者を、「お客様」「利用者様」「ご利用者様」等と呼ぶ風潮の台頭である。その動きは、勢いを増すばかりだ。歴史と伝統のある社会福祉法人であっても例外ではない。利用者という表現から、「利用者様」「お客様」などと、様づけの表記に置き換えるケースが現在も着実に増え続けている。

このような変化が、なぜ高齢者福祉の領域で起こったのか。最も大きな要因は、介護保険制度の導入により、サービス利用システムが、かつての措置制度から契約に基づく利用制度へ移行したことにある。

この発想をもとに設計された介護保険の時代では、措置制度時代に広く業界内に蔓延していた「助けてあげる方式」は通用しなくなる。自分たちはそのつもりはなくても、利用者や家族の視点からすれば、上から目線と受け取られかねない介護や接遇スタイルは通用しなくなる。この時代には発想の転換が必要だ。利用者を介護というサービス（商品）を購入する「お客様」とみなし、心を込めたサービスを提供する。古い時代の介護と訣別し、利用者本位サービス時代にふさわしい介護を提供していくことが、福祉事業者の使命となる。

こうした発想の転換が、「利用者」から「お客様」「利用者様」という表現への変更を促す大きな原動力となったのである。

「お客様」「利用者様」との表現から漂う強烈な違和感

実をいうと私は、このような動きに対して非常に強い違和感を覚えている。医療機関では一九九〇年代終わり頃から「患者」に対する呼び名が、「患者様」へと変更する動きが始まった。パンフレットやホームページにおける患者の表記は、多くが「患者様」に変更された。病院に行けば、受付担当職員や看護師からは、「〇〇様」と様づけで呼ばれるケースが増えた。この段階までは、「患者様」がポーズではないとの印象を受けることができる。「医療の世界も変わったな」と感慨にふけった経験がある人も数多くいたに違いない。

しかし、いざ診察室に入ると、昔とあまり変わりない光景を目の当たりにする。医師から様づけで、病気や治療方針について説明を受けることはあまりない。タメ口での対応はさすがに減ってきたが、「患者様」との表記とは相容れない言葉遣いや態度をみかけるのは、いまだに珍しくない。残念ながら、福祉の実践現場でも同じようなことが起こっている。とりわけ、気になるのは次のような事態の発生である。

① 表現や表記は丁寧になったが、業務実態はレベルアップにつながるどころか、下降線を辿るという事態を招いている

これは、表現や表記は「お客様」や「利用者様」に変わったが、介護の質やレベルは措置時代と変わらない状況にとどまっているケースを指す。いや、厳密にいえば、かつてと同じで変わらないレベルとの表現は正しくない。求められる介護水準は、遥かに高くなっているのだから、措置制度時代と変わらぬ業務レベルにとどまっているのであれば、実質的には業務レベルが低下していることを意味する。

様づけによる表記への移行で時代の変化を先取りしたかのような印象を与えようとしているが、ケアのレベルや実態に変化はない。「利用者様」や「お客様」と呼ぶにふさわしいケアを提供するかのように喧伝《けんでん》しているが、行動が伴っていない。昔ながらのレベルに終わっている。こうした状況にあるとすれば、かけ声だけで終わっていると断じざるを得ない。

表記だけは変わったが実態が伴っていないという事実は、各事業所で記される業務日誌、介護経過記録などからも把握することができる。介護保険制度導入後、介護の現場では利用者に関する記録は、丁寧語、敬語などで記されるケースが急増した。なぜ、「である調」ではなく「です

ます調」の表記がなされるようになったかと事業所の管理監督者に問うと、「利用者様は『お客様』であるから、常に敬意の念を忘れぬよう丁寧語、敬語で書くようにしています」との見解が示されるケースが圧倒的に多い。利用者に対して、敬意の念を忘れないようにするという気持ちは理解できる。その方針は今後もずっと貫くべきだ。しかし、である。記録は丁寧語のオンパレードであたかも丁寧な対応がなされているかのように書かれているのに、実際の接遇は目を覆うばかりの現状があるとすれば、話は別だ。

その典型例は、こんな記録だ。「○○様のシーツが尿で濡れていらっしゃったので、換えて差しあげました」と介護経過記録に記載されていた。いかにも、丁寧な介護がなされたように書いてあるが、実際の言動は、目と耳を覆わざるを得ない状況であった。「ほらぁー、何やってんのよ。こんなに濡れてるじゃない。ほら、換えるから腰あげて！」と舌打ち混じりの対応が繰り広げられていた。

こうしたケースになれば、もはや事実を隠蔽し、あたかも素晴らしいケアをしたかのようにみせかける、極めて悪質な偽装記録との糾弾も受けかねない。

最も大切なのは、表現や表記方法の変更だけにとどまらず、業務レベルの向上を着実に推進し

ていくことだ。実態が伴わない表現や表記だけの変更にとどまっている状況を放置していれば、レベルの低い実態を覆い隠す偽装手段として使われているとの厳しい批判を、利用者・家族・社会から受けかねない。

表現の変更を導入している事業で働く人は、理事長、社長などの経営者はいうまでもなく、すべての職員がこの重要なポイントをしっかりと頭に入れ、業務レベルの向上に取り組んでいく。こうした気概あふれる姿勢が求められるのである。

② 職員が「お客様は神様」との呪縛《じゅばく》にとらわれ、利用者の言いなりになることが職員の仕事だと勘違いする事態が発生する

「利用者様」「お客様」などといった表記の変化がもたらす、もう一つの大きな問題点は、利用者を〝神様〟扱いし、崇《あが》め奉《たてまつ》るような姿勢に陥ってしまうケースである。利用者の発言・要望は絶対であり、言われるがままに業務を行うことが職員の責務だと勘違いするケースである。

この種の勘違いは、理事長や社長、施設長など、経営や運営のトップの立場にある人が「お客様は神様だ。福祉でも同じだ」と職員に向かって檄《げき》を飛ばす職場で、数多くみられる。最前線で働く職員は、こうした主張に若干の違和感や戸惑いを覚えたとしても、立場上、指示を無視できない。「お客様は神様」の姿勢で接しなければならないとの思いに、縛られるようになる。

こうした思いに縛られると、職員はどうなるのか。利用者への対応がぎこちなくなる。おっかなびっくりの対応になり、かえって業務レベルの低下といった事態を招きやすくなる。利用者が

示す意思や希望、要望はそれこそ多種多様である。意思や希望がころころと変わり、どれが本人の真の思いであるか、把握が困難な人もいる。たとえ、そのような状況であっても、利用者の意思や希望には、常に誠意ある態度で耳を傾けていく。これは福祉の専門職として働く者であれば、必ず守らなければならない重要な基本原則である。

ただし、どんなに優れた姿勢を示す専門職であっても、利用者が示すすべての意見や要望を叶えられるわけではない。現在の介護保険制度や障害者福祉関連制度の枠組みのなかでは、対応できない要望もある。利用者の思いを大切にすることは重要だが、それはイコール、すべての意見や要望に対してイエスマンになるとの意味ではない。利用者にひれ伏し、仰せのままに対応するとの意味でもない。利用者に対して最大限敬意を払いつつも、プロと呼ぶにふさわしい専門的知見に基づく対応をとる。利用者のニーズに最も適切に対応できると思われるサービスの提供を提案する。そんな姿勢で、接することが望まれているのである。

用語・表現の変化だけにとどまらないようにするために着手すべきこと

さて、最後に確認しよう。あなたの職場では、利用者をどのような表記で言い表しているだろうか。もし、利用者様、入居者様などといった様づけの表現が用いられているのであれば、それが用語だけの変更にとどまらぬよう、行動を起こさなければならない。これから、表現を変える予定になっている場合も同様の対応が必要となる。用語の変更は、利用者への尊敬の念を忘れぬようにするために実行するものであると同時に、業務レベルや接遇レベルの向上を意図するものでもあるからである。

では、どうすれば、実態を伴うものとすることができるのか。そのためには、次に示す二つのアプローチに着手することが必要となる。

一つは、「利用者様」という表記への変化が、実際に、**どれくらい接遇レベルや業務レベルの向上につながったか、チェック作業に取り組む**というアプローチだ。対象となるのは、利用者に対して提供される、すべての業務である。利用者に対する言葉遣い、態度、姿勢など接遇全般に関する業務、介護、相談援助、生活支援など直接支援に関するすべての業務、ケアマネジメントの一連の過程に関するすべての業務、医療・看護・リハビリに関する業務、食事サービスの提供など栄養ケアに関する業務、業務日誌・介護経過記録・ケース記録などの事務関連業務が、着実にレベルアップされているか、一つひとつ丹念にチェックしていく。その結果、埋めるべきギャップが確認できた場合は、即座に改善計画を立案し、実行に移す。こうした取り組みを積み重ね、用語の変更が業務のレベルアップにつながるものにしていく。

もう一つの重要なアプローチは、**利用者の「最善の利益」の保障が、福祉の最前線で働く職員の重要な使命であることの確認**である。利用者本位サービスとは、利用者にひれ伏し、言いなりになることではない。本人の意思や希望に真摯かつ丁寧に耳を傾けたうえで、何が利用者にとって最善であるかを、熟慮に熟慮を重ねながら、サポートしていくことである。

利用者の生活をよりよき方向に導くためには、どのような支援が必要か検討した結果、彼らの思いとは異なる提案をさせていただくケースがありうる。その際には、利用者が納得できるよう、謙虚かつ真摯な姿勢で説明するよう心がける。職員側の考えを押しつけていると誤解されるような姿勢ではなく、ゆっくりと、じっくりと話し合いの時間をもつようにする。説得ではなく、当事者である本人が納得できるよう、十分な説明を心がけることが求められているのである。

久田が説く

ここが重要！

「利用者様」という表現を実態が伴ったものとするためのポイント

- 「利用者様」との表現への変化はなぜ必要だったのか、改めて確認する。同時に、用語の変化は、福祉の職場で働く人に何を求めているのかを正しく理解する。

- 「利用者様」との表現に見合わない、接遇、支援、介護などがある場合、それは社会や利用者、家族を“騙す”行為とみなされる恐れがある。パンフレットには「利用者様」との表記が踊っているのに、実態を伴わない場合は誇大広告とみなされる。

- 「利用者様」の表現とは相容れない実態とはどのようなものを指すのか、理解を深める。そのうえで、自分が働く職場が、表現の変化にふさわしい状態となっているか点検する。

- 実態を点検した結果、「利用者様」との表現にそぐわない点がある場合には、速やかに改善に向けた取り組みに着手する。

- 利用者本位サービスの根幹は、利用者一人ひとりの最善の利益の保障にある。本人の声に真摯かつ丁寧に耳を傾けたうえで、オーダーメイドの質の高いサービスを提供することが求められる。

利用者本位サービス推進のキーパーソンになる

第23章 悪しき接遇姿勢をゼロにする取り組みに着手する

ある研修会での一コマ

とある春の日のことである。高齢者施設や障害者施設などで、直接支援に携わる職員を対象とした研修会に講師として招かれた。午前は講義形式で、利用者本位サービスの考え方に根ざした接遇のあり方について講義をした。午後の時間は演習であった。グループディスカッションに入る前の準備として、個人ワークに取り組んでもらった。

課題は参加者の手元に配付した一〇枚の付箋紙に、自分自身や先輩、同僚、後輩などが利用者に対して示す言動のなかで、「これはいけない」「不適切だ」「家族の前で使えば苦情になりかねない」と思えるもの、すなわち〝悪しき接遇例〟を書き出すことである。付箋紙の大きさは縦横五センチ程度のやや大きめのサイズ。一枚の付箋紙に一つずつ〝悪しき接遇例〟を書く形で、可能な限り多くの事例を書き出すようお願いした。

〝悪しき接遇例〟を短時間で書き出せるかという心配は、杞憂に終わった

個人ワークの時間として、参加者に示したのは一〇分間。架空の話ではなく、自分が働く職場のなかで見受けられる不適切な接遇姿勢を記すというもの。しかも、自分自身の言動を含むという条件つきであった。

書き出すのに戸惑う人が多いのではないか。一〇分間という短時間の個人ワークではせいぜい一つか二つの事例を書きあげるのが精一杯ではないか。正直、そんな気持ちを抱きながら参加者の姿を見守っていたが、それはものの見事に杞憂に終わった。

個人ワークの方法を説明した後に、「それでは、付箋紙に『これはいけない』と思う〝悪しき接遇例〟を書き始めてください」と言うやいなや、大半の参加者が一気にペンを走らせ始めた。次から次へと付箋紙に、事例を書き込んでいった。参加者は八〇名程度であったが、半数近くの参加者は、五分程度で一〇枚の付箋紙すべてを使い切っていた。なかには、「もう少し、書きたいことがあるので、追加の付箋紙をください」と申し出る人もいた。制限時間がきたときには、ほぼ全員が配付された付箋紙すべてを使い切っていた。約一分で一事例を書き終える電光石火の早業を披露してくれた。

なぜ戸惑うことなく速やかに〝悪しき接遇例〟を書き出せたのか

なぜ参加者のみなさんは、いとも簡単に〝悪しき接遇例〟を書き出せたのだろうか。どんな事例が職場内にあるか、必死に思い出そうとする素振りをみせていたのはごく少数。多くの参加者は、何のためらいもなく、次から次へと〝悪しき接遇例〟を書き出していた。その理由は次の二つに大別できる。

一つは、午前中の講義の際に、どのような言動を〝悪しき接遇例〟というのか、実例を数多く示していた点をあげることができる。利用者本位サービスを専門とする私が、現場を訪問した際に見聞きした不適切な接遇例を、見たまま聞いたままの形でいくつも紹介した。参加者の脳裏に、実際にどのような口調や姿勢で不適切な接遇が行われていたか、その場面が思い浮かぶよう工夫しながら伝えた。つまり、午前中の講義の段階で、悪しき接遇とはどのような姿勢や言動を指すのか、具体的イメージを伝えていたことが、スピーディーな書き出しにつながったのである。

より重要なのはもう一つの理由だ。一〇分程度のわずかな時間で、〝悪しき接遇例〟が書き出せたのは、最前線の福祉現場には、いまだに不適切な接遇が数多く見受けられるからである。眉間にしわを寄せ、一生懸命思い出そうと努力をしなくとも、簡単に思い出せるほど、数多くの不適切な接遇事例が存在するからである。

わが国の福祉法制度は、一九九八年の社会福祉基礎構造改革の発表後、利用者本位サービスの実現に向けて大きく舵を切ることが決まった。その後、矢継ぎ早に法制度の見直しや創設がなされた。権利擁護に関する法制度も以前と比べれば、かなり整備されてきた。しかし、最前線の現場は、思ったほどレベルアップしていない。集団介護や集団処遇が当たり前だとされていた時代の遺物である職員主導型の業務姿勢がいまだに垣間見られる。利用者本位サービス、寄り添うケアといった表現は、今や誰もが知っている基本用語となった。しかし、実態が必ずしも伴っているとはいえない。

ほんの一〇分程度の時間で、〝悪しき接遇例〟を一〇個以上例示できたのは、現場には職員主導型の悪しき業務スタイルや接遇スタイルが根強く残っているとの事実を示しているのである。

どのような〝悪しき接遇例〟がはびこる危険性があるのか

では、いったい、どのような接し方がはびこっているのか。先の研修会の場では、次のような手順で、〝悪しき接遇例〟を明らかにする取り組みに着手してもらった。

まずは、個人ワークで付箋紙に〝悪しき接遇例〟を書き出す。続いてグループ内で各自が記した付箋紙を見せ合う。そのなかから、絶対にやめるべき接遇例を一つだけ選び出してもらい、なぜその接遇が不適切といえるのか、その理由を記していく作業に取り組んでもらった。次ページの「〝悪しき接遇例〟とその理由」に示すのはその抜粋である。

これらの言動は、まさに〝悪しき接遇例〟の典型といえるものだ。叱責的言動、指示的言動、威圧的言動、利用者をせかす言動、交換条件的言動、子ども扱いする言動、からかいとみなせる言動、セクシャルハラスメントな言動等、どれもが利用者の尊厳を奪う不適切な接遇であると断言できる。

■ “悪しき接遇例”とその理由

選ばれた“絶対にやめるべき接遇例”	その接遇が不適切と判断する理由
「ほらぁ〜、何してるのぉ〜。立ちあがらない。立ちあがっちゃだめ。お座り！」	利用者の行為を明らかに叱り責める叱責的言動を示しているうえに、「お座り！」と犬を躾《しつ》けているような口調で接している。
「どうしてこんな時間に起きてくるの。もうっ、ほら部屋に戻って！」	何らかの理由や原因があって起きてきた利用者を自分本位の見方で責め立てている。尊敬の念のかけらもない、命令口調で利用者を動かそうとしている。
「はい、もう寝るよ。こっちおいで。みんなの邪魔になるでしょ。いつまでもふらふらしない！」	命令口調、威圧的な言動のオンパレード。利用者の行動を迷惑行為と決めつけているうえに、思い通りに動かそうとする意図がみえみえの対応。
「○○ちゃん、おはよう。あら〜、だめじゃない。おはようっていわれたら、おはようっていわなきゃいけないんだよ〜。わかった？」	認知症高齢者を子ども扱いする対応。年齢に応じた接し方がなされず、利用者の大人としてのプライドや尊厳がないがしろにされている。
「早く食べないと、片づけてしまいますよ。ほら、しっかり食べて！」	「○○しなければ、○○してあげない」「○○したら、○○してあげる」というのは職員の優位性に乗じた交換条件的対応であり適切ではない。
「はい、○○さ〜ん、おしっこ行こうか。ねえ、聞いてる？おしっこ。ほら、行くよ！」	他の人がいるところで、大きな声で「おしっこ行くよ」と言っており、本人の尊厳、羞恥心、プライバシーなどを一切考慮しない不適切な言動。その後の言動も侮辱的、命令的、指示的な意味合いが含まれている。
「ほら〜、そんなことしてたら、息子さんから『もう帰ってくんな』って言われますよ」	利用者の弱みや気にしていることを話題にあげ、自分の思い通りに動かそうとする言動であり不適切。息子が利用者を嫌がっているとの事実はないのに、あたかもそうみなしているかのような話をでっちあげ、思い通りに動かそうとしている。
「あら〜、その格好魅力的だね〜。まるでグラビアガールみたい。今も現役ってことかな」	これは、80代の女性利用者の大腿部が布団からはみ出ているところを見た男性職員の発言。「今も現役」との表現から、セクシャルな意味でのからかい言葉とも判断できる。性的虐待あるいはセクシャルハラスメントと認定される可能性が高い行為であり、決して許されるべきではない。

〝悪しき接遇例〟の一掃に向けた取り組み

では、どうすれば〝悪しき接遇例〟の蔓延が食いとめられるのか。ここでは、事業所レベルで取り組む、〝悪しき接遇一掃策〟を紹介する。それは次の通りである。

① 共通認識をもつための講義形式の研修会を実施する

研修会の場では、接遇の見直しやレベルアップの大切さを確認する。実施は講義形式。接遇に関して、ある一定の見識をもった責任ある立場の職員が、講師役を務める（内部職員では困難な場合は、外部の専門家に講師を依頼する）。

研修のなかでは、必ず悪しき接遇の具体例をあげる。その際に、不適切な接遇の典型である、子ども扱い、タメ口、指示的口調、禁止語、叱責語、交換条件の提示（「○○しなければ、○○してあげない」「○○したら、○○してあげる」といった言動）などの例を盛り込む。

研修会の場で紹介する不適切な接遇例については、容認しないとの姿勢を貫く。「親しみを込めて話しかけるとこうなる」「私とこの利用者との間には、人間関係ができているから大丈夫」といった**〝言い訳〟を並べ立て徹底抗戦の姿勢**を示す人に対して、絶対に怯《ひる》んではならない。隙《すき》を見せてしまうと結局、何も変わらずに終わってしまう。

毅然《きぜん》とした態度で、丁寧な言葉遣いでも親しみのある関係は、築くことができる。人間関係ができているからOKだと思っている接し方を、実は利用者本人は我慢しているケースもあることを強調する。甘い考えの職員の指摘には、決して屈しないとの姿勢を貫く。

② 接遇の見直しに向けた演習形式の研修会を企画する

この研修では、まず個人ワークを実施する。職員に付箋紙を配り、「このような接し方は不適切だ」「とても家族の前ではみせられない」「権利擁護の専門家からみれば、不適切な接遇だとみなされかねない」などと思うものを、縦横五センチ程度の付箋紙に、一枚あたり一事例という形で、書き出してもらう。一〇分で一〇枚ほど書きあげるという形で実施する。

書きあげた付箋紙をホワイトボードやテーブルに並べ、共通点があるものをグループ分けする。続いて、書きあげられた〝悪しき接遇例〟のなかで、今すぐにやめるべき例を選び出す。すぐにやめると決めた〝悪しき接遇例〟は、小冊子にまとめ全職員に配付する。記載された言動は禁止とする点を、全職員で再確認する。配付後、〝悪しき接遇例〟にある言動を示す職員がいる場合は、遠慮なく注意するとの方針を組織全体の方針として明示する。組織全体で〝悪しき接遇例〟を一掃するとの姿勢を共有する。

以上、ここでは、〝悪しき接遇例〟との訣別に向けたヒントと具体的方法を紹介した。最後に、一点だけ、決して忘れてはいけない重要な注意点を紹介する。それは、**〝悪しき接遇〟スタイルは復活しやすいという特性**である。一度、消えたかにみえた不適切な接し方が、数か月後には、復活したという例は枚挙《まいきょ》に暇《いとま》がない。再発を防ぐために、継続的な取り組みが必要であるという点を忘れないようにしよう。

久田が説く

ここが重要！

「悪しき接遇姿勢」撲滅に向けて留意すべきポイント

- 「うちには接遇上の問題など何もない」との捉え方はしない。どこの職場でも、ありうる。だから、常にうちの職場は大丈夫か、危うい接遇がなされていないか、チェックする姿勢をもち続ける。

- まずは講義形式の職場内研修会を実施し、わが法人（わが事業所）は、"悪しき接遇姿勢"を容認しないという不退転の決意を周知する。

- 講義形式の研修の際には、どのような行為が「悪しき接遇姿勢」とみなされるか、具体例をしめしながら説明するよう努める。

- 続いて演習形式の職場内研修を実施する。個人ワークとグループ討論を行い、実際に自らの事業所には、どのような「悪しき接遇姿勢」が存在するか、情報共有を行う。そのうえで、実効性の高い防止策を立案するようにする。研修時に確認した約束事、合意事項、接遇上のルール等は、研修後にしっかりと守るよう念押しをしておく。

- "悪しき接遇姿勢"は復活しやすいという特性がある。一度、よくなったからといって未来永劫、その状況が続くと勘違いしない。

利用者本位サービス実現の必須要素を理解する

第24章 職員主導型業務の払拭には、利用者の思い・生活リズム・個別ニードを徹底的に重視する姿勢の習得が必要となる

今や誰もが知るお決まりの用語

福祉の世界で働いている人であれば、知らない人はいない。そう断言できる用語がある。「利用者本位サービス」である。

この用語は、二〇年程前まではマイナーな存在であった。一部の先駆的な取り組みを行う実践者や、研究者の間だけで唱えられるものだった。福祉系月刊誌で紹介されることはあったが、すべての福祉専門職が共有すべき用語、すべての福祉事業所が実現を目指すべき支援の形という認識には至っていなかった。

この状況を変える契機となったのが、一九九八年に発表された社会福祉基礎構造改革である。このなかで、福祉の世界で提供されるすべてのサービスを、利用者本位の理念に根ざしたものに変えていくとの方針が高らかに宣言された。この発想をもとに、障害者福祉サービス、介護サービスなどが、改正・創設・整備されることとなった。権利擁護実現を目指した法制度が整備されていった。

介護福祉士や社会福祉士の専門職養成課程においては、当たり前に教えられる用語となり、福祉現場でも、「利用者本位サービス」という用語が当たり前に使われるようになった。

今もみかける職員主導型業務

利用者本位サービスは、用語という点だけでみれば、福祉業界のなかですっかり定着したとの印象を受ける。しかし、実践レベルはどうだろうか。実際に提供されているサービスという点からみれば、どうだろうか。利用者本位サービス理念に基づく業務や支援が、どの事業所でも当たり前に行われる状況にあるだろうか。

残念ながら、答えは「ノー」だ。実践現場全体を見渡すと、まだまだその状況にあるとはいえない。いまだに、とても利用者本位とはいえない残念な光景を目の当たりにするケースがある。利用者の意思や希望、個別のニードやペースに合わせたきめ細かい支援ではなく、職員側（事業所側）の都合やペースで業務を行う場面が見受けられる。利用者本位サービスの対極にある職員主導型業務が、何のためらいもなく行われるケースが少なくない。

利用者本位とはいえない業務姿勢の共通点

職員主導型業務には明確な共通点がある。利用者に対して、〝急かす〟ような動作、言動、働きかけで業務が行われるという点だ。とはいえ、職員側が「急かしてやろう」「利用者のペースを無視しよう」などと、強い思いをもって業務を行っているわけではない。〝急かす〟言動は、多くの場合、ちょっとした油断や心のすき、そして、プロ意識の低さから生まれる。

「この方が手っ取り早い」「利用者のペースに合わせていたら埒《らち》が明かない」などといった思いが端緒になる。しかるべき立場の職員から注意を受けることがなく、同じ部署やチームの職員も同じような態度や姿勢で業務を行っていれば、「このやり方でいい」という暗黙の了解ができあがる。誰もが職員主導型業務に、何の疑問もなく手を染めるようになる。

〝急かす〟対応が行われる場面は多岐にわたる。着替え、口腔ケア、整容、排泄、入浴、食事など、あらゆる介護場面で行われることがある。

例えば、食事介護の場面では、職員が利用者に対して驚くような早さで食べさせる。嚥下障害のために、飲み込むのに時間がかかる利用者に対して、苛立った態度や表情を示しながら対応するといったケースをみかけることがある。

着替え、排泄、入浴、移動などに関する介護場面では、本人ができることまで職員が行うという形で、職員主導型の〝急かす〟業務が行われることもある。

こうしたパターンの業務は、通常であればご自分でやっていただくが、今回に限っては、本人の体調をみると、心配な状態にあるのでサポートさせていただくといったプロフェッショナルな職業人としての判断に基づいて行われているのではない。「利用者にやってもらうよりも、職員である自分がやった方が手っ取り早い」「利用者にやってもらうと時間ばかりかかって面倒だ」。そんな誤った介護観で行われる業務である。

相談援助・ケアマネジメント業務の場面でも職員主導型業務は発生する

職員主導型の業務姿勢は、相談援助やケアマネジメントの業務においても発生する。本人の話を少し聞いただけで、生活相談員やケアマネジャーが「つまり、こういうことですよね」と話を切りあげてしまうのが典型例だ。本人からすれば、まだ吐露できていない思いがあるのに、途中で話を遮られてしまう。自分の思いをどう伝えるか、考え込んでいると、職員が待ちされず、「こういうことでお困りですよね」と話をまとめられてしまう。支援を受ける立場の人の感性は鋭い。自分を助ける立場にある人のちょっとした仕草や言動に敏感である。「ひょっとすると、相談員さん（ケアマネジャーさん）は早々に面談を終わらせようとしているのではないか」。そう思わせるような姿勢を少しでもみせれば、「長引かせては悪い」との思いが頭をもたげる。相手の「こういうことですよね」との〝提案〟に対して、「はい、そうです」と答えなければ悪いのではないか。そんな心理が働いてしまう。

その結果、どうなるかは明々白々だ。利用者本人の立場からいえば、自分の思いを十分に表明できていない状態で、面談が終了となる。思いを伝えきれない状態で面談終了となるので、面談後に作成される支援計画（ケアプラン）は職員主導型となる公算が大きくなる。利用者本位サービスの考えとは、対極にあるものとなってしまう。

なぜ職員主導型業務が払拭できないのか

利用者本位サービスの実現が叫ばれて久しいのに、なぜ、こういった状況が相変わらず発生し続けているのだろうか。

この点を明らかにするために、職員主導型業務の罠に陥っている職場の職員に、「なぜ利用者本位とは決していえない業務実態になっているのか」、単刀直入な質問を投げかけてみると、必ずといっていいほど、次のような見解が寄せられる。「現在の業務手順や方法は決してよくないと思うが、時間がないから仕方ない」「ぎりぎりの人数で働いており、忙しいから仕方がない」といった見解である。

こうした見解を、一刀両断に否定するつもりはない。たしかに、福祉の現場は忙しい。限られた時間のなかで業務を行っている。職員配置もぎりぎりの状況だ。一人ひとりのペースに合わせた介護や生活支援を行おうと思っても、一〇〇パーセント完璧に実現するのは至難の業だ。「やりたくてもできない」「仕方ない」と主張したくなる気持ちはよくわかる。

相談援助の場面も同様だ。限られた時間のなかで、面接をしていかなければならない。困りごとに対応しなければならない。ケアマネジメントではニーズアセスメントが大切であり、じっくりと話を聞きながら、何が利用者本人に生きづらさをもたらしているか、把握していかねばならないとわかっているが、抱えているケースは数多くある。次の面談もすでに予定が入っている。対応しなければいけない緊急の電話が入ってくることもある。だから、利用者本人の思いをじっくり把握する時間は、なかなかとれない。そんな心理状況に追い込まれる気持ちはよくわかる。

しかし、ここであえて、声を大にして主張したい。職員主導型業務になってしまう原因を、「人が足りなくて時間がない」「やらなければならない業務が多くて時間がない」といった点だけに収《しゅう》斂《れん》させるのは、極めて危険だ。この点を大上段に掲げてしまうと、「だから利用者本位なんて、しょせん絵空事」「現場では通用しない」「じっくり利用者の思いを把握するなんてできるわけない」との結論に陥りやすくなる。あるべき業務スタイルに一歩でも近づくための取り組み、すなわち改善に向けたチャレンジが何もなされずに終わってしまう。

その結果、職場はどうなるのか。次に示すような悲劇的かつ残念な状況に陥っていく。

第一は、**低下した業務レベルの常態化**である。悪しき業務スタイルが、「時間がないから仕方ない」「人がぎりぎりだから仕方ない」で片づけられ、当たり前の状況として定着する。

その状況が続くと、第二の悲劇へ突き進む。**あきらめ感の蔓延**である。組織全体で、「うちは何をやってもダメ」「この状況に甘んじるしかないんだ」との思いが共有される。下手なことを言うと、反感を買うかもしれないとの思いで心が支配され、「余計なことは言わない」「今の業務を淡々とこなしさえすればいい」との思いが共有されるようになる。

この状況が、さらなる悲劇を生み出す。**人財劣化現象の促進**という第三の悲劇だ。あきらめ感が職員の心を支配し、働く喜びや意義が感じられなくなる。働き始めたときに抱いていた熱い想いは消え失せてしまい、不適切な業務を何のためらいも疑問もなく行うようになる。才能あふれる人が人財として成長していくのではなく、悪しき業務の推進者として劣化していく。そんな人財劣化現象が引き起こされるようになる。

事態収拾に向けて取り組むべきこと

こうした悲劇から職場を救うには、どうすればいいのだろうか。本人の思い・生活リズム・個別ニードを重視した利用者本位サービスの理念に基づく支援を推進するには、どうすればいいのだろうか。

最も重要なポイントは、福祉職員として働くすべての人が依拠すべき基本原則の確認と徹底である。どのような原則のもとで働くことが求められるのか。基本をしっかりと確認していく。よりよきサービス実現に向けて依拠すべき原則は、次の三点に集約できる。

第一は、利用者が歩んできた人生という旅路を、丹念に学ばせていただくこと。どんな家庭環境のなかで育ってきたか。どんな学校生活を送ってきたか。そのなかで、どんな経験を積んできたか。大人になってからは、どのような社会人としての歩みを送ってきたか。結婚経験のある人であれば、面接時点までの間に、どのような関係を配偶者とつくりあげてきたか。子どもがいる人であれば、子どもとの関係はどうであるか。どのような関係の変化がどの時期にあったか。その他、重要なライフイベントに関する情報を可能な限りたくさん把握するように努める。

第二は、本人が大切だと思うこと、本人にとって重要なことを、確認する作業に取り組むことである。介護職員（生活支援員）の場合は、日頃のかかわりのなかから、本人にとって大切なことを学び取るよう努力する。相談員やケアマネジャーの場合は、面談場面でのやりとりを通して、本人にとって重要なことを把握していく。

第三は、一つひとつの生活場面、さらには介護場面（あるいは支援場面）における本人の意思・希望の確認である。すべての場面において、どのような介護や支援を、どれくらいの頻度、どのような手順や方法で提供してもらうことを希望するか、一つひとつ丁寧に確認していく。すべてをじっくりと聞き取ったうえで、提供可能な支援プログラムを提示する。

大切なのは、これら三つの取り組みの後である。把握した人生の歩み、大切にしたいこと、重要なこと、どんな支援をどのような形で望むのかという点を整理し、今後のサービス提供に反映させていく。ケアプラン（個別支援計画）の作成とプランに基づくサービス提供に反映させていく。「時間がないから（忙しいから）、これくらいでよかろう」という支援ではなく、限られた時間のなかで最善のサービスを本人が望む形で提供する。こうした発想をもって、ワンフンク上、ツーランク上のサービス提供を実現することが求められているのである。

久田が説く

ここが重要！

利用者の思い、個別ニードに即した支援を行うためのポイント

- 利用者本位サービスという用語の意味を正しく理解し、そのうえで実現に向けて行動を起こすことが、福祉職員の使命であることをいつも忘れないようにする。
- どのような種別、規模、形態の福祉事業所も、油断をすると、職員主導型業務が蔓延する職場になってしまうことがある。
- 定期的に、事業所の業務レベルを点検し、職員主導型業務がはびこっていないか点検することを習慣化する。
- 「時間がないから無理」「人が少ないから無理」と決めつける姿勢と訣別する。職員主導型業務を容認する姿勢をみせると、職場は低下した業務レベルの常態化、あきらめ感の蔓延、人財劣化現象の促進という三つの罠にはまってしまう場合がある。
- 本人の思い・生活リズム・個別ニードを重視した利用者本位のサービス理念に基づく支援を推進するために、全職員で福祉職員として働くすべての人が依拠すべき基本原則を確認、共有する。共有後は、基本原則に基づく業務の推進に、一致団結して取り組んでいく。

初出一覧

・第01章「きらりと光るプロフェッショナルの仕事のルール　ルール8」『ケアマネジャー』二〇一二年九月号、中央法規
・第02章「きらりと光るプロフェッショナルの仕事のルール　ルール23」『ケアマネジャー』二〇一五年三月号、中央法規
・第03章「きらりと光るプロフェッショナルの仕事のルール　ルール6」『ケアマネジャー』二〇一一年五月号、中央法規
・第04章「きらりと光るプロフェッショナルの仕事のルール　ルール5」『ケアマネジャー』二〇一一年二月号、中央法規
・第05章「きらりと光るプロフェッショナルの仕事のルール　ルール15」『ケアマネジャー』二〇一三年一一月号、中央法規
・第06章「きらりと光るプロフェッショナルの仕事のルール　ルール16」『ケアマネジャー』二〇一四年一月号、中央法規
・第07章「きらりと光るプロフェッショナルの仕事のルール　ルール1」『ケアマネジャー』二〇一一年七月号、中央法規
・第08章「きらりと光るプロフェッショナルの仕事のルール　ルール4」『ケアマネジャー』二〇一一年一月号、中央法規
・第09章「きらりと光るプロフェッショナルの仕事のルール　ルール10」『ケアマネジャー』二〇一三年一月号、中央法規
・第10章「きらりと光るプロフェッショナルの仕事のルール　ルール7」『ケアマネジャー』二〇一一年七月号、中央法規
・第11章「きらりと光るプロフェッショナルの仕事のルール　ルール2」『ケアマネジャー』二〇一一年九月号、中央法規
・第12章「きらりと光るプロフェッショナルの仕事のルール　ルール9」『ケアマネジャー』二〇一二年一一月号、中央法規
・第13章「きらりと光るプロフェッショナルの仕事のルール　ルール12」『ケアマネジャー』二〇一三年五月号、中央法規
・第14章「きらりと光るプロフェッショナルの仕事のルール　ルール14」『ケアマネジャー』二〇一三年九月号、中央法規
・第15章「きらりと光るプロフェッショナルの仕事のルール　ルール22」『ケアマネジャー』二〇一五年一月号、中央法規
・第16章「きらりと光るプロフェッショナルの仕事のルール　ルール19」『ケアマネジャー』二〇一四年七月号、中央法規
・第17章「きらりと光るプロフェッショナルの仕事のルール　ルール21」『ケアマネジャー』二〇一四年一一月号、中央法規
・第18章「きらりと光るプロフェッショナルの仕事のルール　ルール24」『ケアマネジャー』二〇一五年五月号、中央法規
・第19章「きらりと光るプロフェッショナルの仕事のルール　ルール13」『ケアマネジャー』二〇一三年七月号、中央法規
・第20章「きらりと光るプロフェッショナルの仕事のルール　ルール3」『ケアマネジャー』二〇一一年一一月号、中央法規
・第21章「きらりと光るプロフェッショナルの仕事のルール　ルール17」『ケアマネジャー』二〇一四年三月号、中央法規
・第22章「きらりと光るプロフェッショナルの仕事のルール　ルール11」『ケアマネジャー』二〇一三年三月号、中央法規

・第23章「きらりと光るプロフェッショナルの仕事のルール ルール18」『ケアマネジャー』二〇一四年五月号、中央法規
・第24章「きらりと光るプロフェッショナルの仕事のルール ルール20」『ケアマネジャー』二〇一四年九月号、中央法規

[著者紹介]

久田則夫（ひさだ・のりお）

長崎県大村市生まれ。昭和60年３月、上智大学外国語学部卒業後、知的障害者施設に就職。平成６年３月まで、生活指導員として勤務。その間、３年間にわたり、英国国立ウェールズ大学スワンジー大学院博士課程に留学。高齢知的障害者に関する社会学的研究で、博士号（Ph D）取得。長崎純心大学、龍谷大学を経て、現在、日本女子大学人間社会学部教授。

専門領域：利用者本位サービス論、社会福祉組織運営論

〈主な著書〉

『どうすれば福祉のプロになれるか――カベを乗り越え活路を開く仕事術』（単著）中央法規出版、『社会福祉の研究入門――計画立案から論文執筆まで』（編著）中央法規出版、『伸びる職員実践教室――保健福祉の職場が変わる仕事術』（単著）医歯薬出版、『デキる福祉のプロになる　現状打破の仕事術』（単著）医歯薬出版、『施設職員実践マニュアル――インフォームド・コンセントにもとづいた利用者主体の援助プログラムの勧め』（単著）学苑社、『エンパワメント実践の理論と技法』（共編著）中央法規出版、『改訂　地域福祉・介護サービスQ&A――介護保険時代の高齢者ケア実践のポイント』（共編著）中央法規出版、『高齢知的障害者とコミュニティケア』（単著）川島書店、『ノリさんの楽々レポート作成術――福祉系学生･職員のための論文レポート作成マニュアル』（単著）大揚社、『社会福祉法の成立と21世紀の社会福祉〈別冊発達〉』（共著）ミネルヴァ書房、『社会福祉援助技術論』（共著）全国社会福祉協議会、『福祉のプロにおくる　職場の難問解決Ｑ＆Ａ――これがあなたを危機から救うとっておきの秘策だ！』（単著）中央法規出版、『人が育つ・職場が変わる気づき力――業務改善と意識改革の教科書！』（単著）日総研出版、その他多数。

福祉の仕事でプロになる！

さらなる飛躍に向けた24のポイント

2016年3月20日　初版発行
2017年3月25日　初版第2刷発行

著　久田則夫

発行者　荘村明彦
発行所　中央法規出版株式会社
〒110-0016
東京都台東区台東3-29-1 中央法規ビル
営　業　TEL 03-3834-5817
FAX 03-3837-8037
書店窓口　TEL 03-3834-5815
FAX 03-3837-8035
編　集　TEL 03-3834-5812
FAX 03-3837-8032
http://www.chuohoki.co.jp/

印刷・製本　株式会社アルキャスト
装幀・本文デザイン　mg-okada
イラスト　こさかいずみ

ISBN978-4-8058-5316-0
定価はカバーに表示してあります。